シリーズ●21世紀の地域 ①

荒井良雄
Yoshio Arai
箸本健二
Kenji Hashimoto
和田 崇
Takashi Wada
編

インターネット と 地域

ナカニシヤ出版

はじめに

　日本の地理学界において情報の問題が本格的に扱われるようになったのは1980年代なかばからである。1986年に日本地理学会内に情報地理学研究グループが組織され，1987年10月に「情報化社会における地域システムの変容」というタイトルでシンポジウムが開催された。さらに1989年5月に，それらの研究成果をまとめたかたちで『情報化社会の地域構造』（大明堂）が出版された。

　その後，情報の問題を扱う地理学的研究はやや停滞したが，2000年頃から再び活発に行われるようになってきた。その契機となったのが，2000年に開催された経済地理学会大会でのシンポジウム「産業空間および生活空間の再編と交通・通信・情報」であった。その後，2006年に日本地理学会内に情報地理研究グループが再び組織され，現在まで，研究蓄積と研究交流を推進している。

　2006年に結成された情報地理研究グループは，以下の趣旨をもとに研究・交流活動を展開している。少し長いが，以下に引用しよう。

　　20世紀後半から今日に至る社会経済的変化を主導してきた要素の一つが「情報化」であることは論を待たない。地理学における情報化研究の視点は概ね3つに大別できる。第1は，対面接触の代替効果など，情報化が本質的に具える空間的効果の検討である。第2は，産業構造の変容や施設立地の変化など，情報化が社会経済に与えるインパクトの分析である。そして第3は，ヴァーチャル空間そのものの研究である。

　　日本の地理学では1980年代後半以降，情報化をテーマとする研究が増えつつある。しかしその規模はまだ小さく，かつ上述の第2の視点に偏っており，事例研究の蓄積や若手研究者の育成が喫緊の課題となっている。いっぽう，欧米では，1980年代後半に，情報地理学に関するコミッションがIGU内に結成され，地理学における情報化研究の蓄積は大きく，かつその幅も広い。そうした中で，「情報化先進国」の一つである日本の事例研究や日本の研究者との意見交換を求める声も少なくない。

こうした状況をふまえ，本研究グループでは当面，以下の3点を活動の中心に据えたい。第1は，日本地理学会大会における研究グループ活動を通じて積極的に研究成果を発表し，その蓄積と体系化を図ることである。第2に，IGUなど国際的な場を通じて日本の情報化研究を発信するとともに，各国の研究者と意見交換を行うことである。そして第3は，大学院生など若手の情報化研究をサポートすることである。これらの目的を達成するために，大会や例会などでのミーティングを行う一方，メーリングリストなど研究者相互がヴァーチャルな場で意見交換を行う場を設ける。また中期的には，研究成果を書籍等の刊行物に取りまとめる。

本書は，こうした状況をふまえ，『情報化社会の地域構造』が刊行された1980年代にはみられなかったインターネットの普及・定着という技術・環境変化を受けて，インターネットをめぐる地理的考え方や地理的諸相を地理学界はもとより関連学界，さらには一般社会に向けて広く発信することを目的として，情報地理研究グループの発起人であり，初代の代表者を務めた荒井と箸本，さらに第2代の代表者を務める和田が中心となって企画したものである。本書は，情報地理研究グループのメンバーが地理学関係の学術雑誌に投稿し，収録された論文に，あらたな書き下ろしを加えた10章（序論を加えると11章）から構成されている。各章の雑誌論文としての初出は表0-1のとおりであるが，今回は幅広い読者を想定した書籍であることをふまえて，各章とも内容を取捨選択して書き改め，あるいは，それぞれの骨子をもとに書き下ろしている。執筆にあたっては，編者と執筆者の間のやりとりによって内容を検討し，そのうえで編者が表現の統一を図った。なお，図表の整理は和田が担当した。

本書に収録された研究では，アンケート調査やヒアリング調査にあたり，数多くの自治体，団体，企業，NPOの方々の協力を得た。ここに記して感謝の意を示したい。

また，一部の研究には，平成21～23年度科学研究費補助金「条件不利地域における地理的デジタル・デバイドに対する政策的対応と地域振興」（基盤研究(C)，課題番号21520790，研究代表者：荒井良雄，第2・5章），平成24～

表 0-1　初出一覧

序　章	荒井良雄 (2003).「情報の地理学」は成立したか？　高橋伸夫 [編] 21世紀の人文地理学展望　古今書院 pp.254-270.
	荒井良雄 (2005). 情報化社会とサイバースペースの地理学—研究動向と可能性　人文地理 **57**, 47-67.
	和田　崇 (2008). インターネットをめぐる地理学的研究の動向—地域のコミュニケーションの視点から　人文地理 **65**, 423-442.
	和田　崇 (2008). インターネットの発展と地域情報化　徳山大学論叢 **67**, 83-116.
第1章	山田晴通 (2013). 行政の広域化と地域情報化の課題　地理科学 **68**, 143-152.
第2章	荒井良雄・長沼佐枝・佐竹泰和 (2012). 条件不利地域におけるブロードバンド整備の現状と政策的対応　東京大学人文地理学研究 **20**, 14-38.
	荒井良雄・長沼佐枝・佐竹泰和 (2014). 離島におけるブロードバンド整備と政策的対応　東京大学人文地理学研究 **21**, 67-84.
	Arai, Y. & Naganuma, S. (2010). The geographical digital divide in broadband access and governmental policies in Japan: Three case studies. *NETCOM* **24**, 7-26.
	Arai, Y., Naganuma, S. & Satake,Y. (2013). Local government broadband policies for areas with limited Internet access: An analysis based on survey data from Japan. *NETCOM* **26**, 251-274.
第3章	佐竹泰和・荒井良雄 (2013). 北海道東川町における光ファイバ整備と企業のインターネット利用への影響　地理科学 **68**, 153-164.
第4章	Arai, Y. (2007). Provision of information by local governments using the Internet: case studies in Japan. *NETCOM* **21**, 315-330.
第5章	Hashimoto, K. (2013). Elderly-people business of the peripheral areas using the Internet in Japan: A case of agribusiness 'Irodori'. *NETCOM* **26**, 235-250.
第6章	箸本健二 (2008). 商店街ホームページにおける「顧客接点」—大阪府の5商店街におけるインターネット戦略を通じて　流通情報 **467**, 21-34.
第7章	中村　努 (2013). インターネットを活用した地域医療連携システムの構築と普及—北海道道南地域の事例　地理科学 **68**, 165-176.
第8章	久木元美琴 (2013). 東京圏における子育て期の母親のインターネット利用とオンライン・コミュニティの役割　地理科学 **68**, 177-189.
第9章	書き下ろし
第10章	和田　崇 (2003). メーリングリストを介したコミュニケーション行動の時空間的展開—鳥取県ジゲおこしインターネット協会および環瀬戸内交流会21の事例　地理科学 **58**, 229-252.
	和田　崇 (2009). 参加者のネットワークからみた地域SNSの特性—岡山の「スタコミ」を事例に　人文地理 **66**, 392-408.

26年度科学研究費補助金「離島地域におけるブロードバンド整備の地域的影響に関する総合的研究」（基盤研究(B)，課題番号24320166，研究代表者：荒井良雄，第2章），平成23～25年度科学研究費補助金「デジタル時代の情報生成・流通・活用に関する研究」（基盤研究(B)，課題番号23320187，研究代表者：和田崇，第1・3・7・8章），平成16～18年度科学研究費補助金「インターネット・携帯電話による地域情報発信に関する地理学的研究」（基盤研究(C)，課題番号16520482，研究代表者：荒井良雄，第4章），平成19～20年度科学研究費補助金「地方都市の中心商業地の変容に関する地理学的研究」（基盤研究(C)，課題番号19500890，研究代表者：箸本健二，第6章），平成24～25年度科学研究費補助金「情報技術の活用にともなう地域医療の再編成に関する地理学的研究」（若手研究(B)，課題番号24720372，研究代表者：中村　努，第7章），平成25～27年度科学研究費補助金「東京大都市圏における保育供給主体の多様化と育児戦略の空間的展開」（若手研究(B)，課題番号25870434，研究代表者：久木元美琴，第8章），平成23～24年度科学研究費補助金「現代演劇の消費空間と大都市集積に関する研究」（若手研究(B)，課題番号23720413，研究代表者：山本健太，第9章）を使用した。

　なお本書は社団法人日本地理学会出版助成を受けて刊行されたものである。

　インターネットは，日進月歩で技術改良が進み，次々とあらたなサービスが提供されている。そのため，本書で取り上げた事例の中には，インターネットをめぐる最新動向からみれば，やや古いものがあるのも事実である。しかし，本書が，インターネット時代の地域のありようを読み解き，今後を展望するうえでのなにがしかの手がかりを示しうるのであれば，編著者一同にとってこれに勝る喜びはない。

　最後に，困難な出版事情の中で，今回の出版を快くお引き受けいただいたナカニシヤ出版社長・中西健夫氏ならびに同第二編集部・米谷龍幸氏に厚くお礼申し上げます。

執筆者を代表して
荒井良雄
箸本健二
和田　崇

目　次

　　はじめに　*i*

序　章　インターネットと地理・空間
　　　　　（荒井良雄・和田　崇）―――――――――――――*1*

　1　「情報の地理学」　*1*
　2　インターネットの発展　*5*
　3　地域情報化とインターネット　*11*
　4　「インターネット」×「地域」　*13*

第Ⅰ部　インターネット整備と地理的情報格差

第1章　地域情報化政策の変遷と地方行政広域化の下での課題
　　　　　（山田晴通）―――――――――――――――――*20*

　1　地域情報化政策の変化　*20*
　2　「平成の大合併」のインパクト　*23*
　3　放送系地域メディアの動向　*25*
　4　地域におけるデジタル・ネット・メディア　*29*
　5　地域情報化の再構築へ　*31*

第2章　条件不利地域における地理的デジタル・デバイドとブロードバンド
　　　　整備　（荒井良雄）――――――――――――――――*36*

　1　条件不利地域におけるブロードバンド整備と政策的対応　*36*
　2　山間地域におけるブロードバンド整備　*40*
　3　離島におけるブロードバンド整備　*45*

4 政府の地理的デジタル・デバイド解消政策と地方自治体の対応　50

第3章　低人口密度地域におけるブロードバンド整備と事業所のネット利用〈佐竹泰和〉―――53

    1 事業所のインターネット利用　53
    2 北海道東川町のブロードバンド整備事業　56
    3 木工業者のブロードバンド利用　59
    4 宿泊業者のブロードバンド利用　63
    5 光ファイバー網整備の意義と可能性　66

第Ⅱ部　インターネットを利用した地域・産業の構築

第4章　インターネットによる地方自治体の情報発信〈荒井良雄〉―――70

    1 インターネットと「電子自治体」　70
    2 自治体サイトの普及過程　71
    3 自治体サイトの多様性　78
    4 政府の政策の影響　81
    5 デジタル・フライホイール論　82

第5章　地場産業振興とインターネット：高齢者アグリビジネス「いろどり」の事例〈箸本健二〉―――85

    1 インターネットと周辺地域の振興　85
    2 上勝町といろどりの「葉っぱビジネス」の概要　87
    3 葉っぱビジネスを支える4つの情報システム　93
    4 いろどりの葉っぱビジネスへの評価　96

第6章　商店街によるウェブサイトの開設と活用

（箸本健二）———————————————————100

1　商店街とインターネット　*100*
2　商店街サイトが発信する情報　*104*
3　商店街サイトの費用負担と補助金　*108*
4　制作代行業者が果たす役割　*112*
5　商店街サイトが抱える課題　*113*
6　商店街と情報発信　*115*

第7章　医療分野におけるICTの利用

（中村　努）———————————————————118

1　医療分野におけるICT利用　*118*
2　地域医療連携システムの普及プロセス　*121*
3　地域医療連携システムの普及メカニズム　*128*
4　ICTは医療に何をもたらすのか　*132*

第Ⅲ部　生活者のインターネット利用とオンライン・コミュニティ

第8章　子育て世帯の「情報戦争」とインターネット

（久木元美琴）———————————————————136

1　育児サポートと情報利用　*136*
2　育児情報取得とネットワーク参加におけるインターネット利用　*138*
3　「保活」とオンライン・コミュニティ　*143*
4　子育て女性のサポート資源とオンライン・コミュニティ　*147*

第9章　芸術・文化鑑賞者の行動特性とインターネット利用の実態
　　　　　　（山本健太）——————————————151

1　文化産業の消費行動　*151*
2　小劇場演劇の消費ブームと空間分布　*152*
3　どのような人が観劇しているのか？　*154*
4　観劇者はどうやって情報を入手するのか？　*161*
5　芸術・文化鑑賞者とICTの役割　*167*

第10章　まちづくりにおけるインターネット利用
　　　　　　（和田　崇）——————————————169

1　まちづくりとインターネット　*169*
2　メーリングリストを活用したまちづくり　*171*
3　地域SNSを活用したまちづくり　*179*
4　MLと地域SNS　*186*

序章
インターネットと地理・空間

　情報・通信技術の発達がわれわれの社会のありようを急速に変える，いわゆる「情報革命」は，1990年代後半以降，インターネットの普及・定着にともなってあらたな展開をみせつつある。これについて「情報の地理学」は，地理的なデジタル・デバイドの問題，インターネット上に作り上げられた仮想的な世界であるサイバースペースの誕生などを指摘してきた。一方，日本では，地域政策・地域振興のツールとしてのインターネットという側面に関心が向かってきた。日本における地域情報化の取組みは，1990年代までの通信インフラの整備を主目的とする段階（アクセシビリティ）から，2000年代以降には通信インフラの利活用を通じた地域振興を主目的とする段階（アダプタビリティ）へと移行してきた。本章では，21世紀初頭の日本の諸地域におけるインターネットを用いたさまざまな地域情報化プロジェクトを報告する次章以降に先立ち，「情報の地理学」の研究成果をもとに，インターネットと地域の関係を読み解くためのいくつかの論点を紹介する。

1 「情報の地理学」

　稲永は，1959年に発表した電話に関する論文の冒頭で，通信の発達が人々の距離意識を縮小させ，地域相互の交流を促進しているために，地域構造が急速に変質しつつあると述べている（稲永, 1959）。仮に今日，半世紀以上前に書かれたのと同じ言葉で論文を始めたとしても，大きな違和感はなかろう。情報・通信技術がわれわれの社会のありようを急速に変えつつあるという認識は，20

世紀後半から連綿と続いてきたのである。「情報革命」はインターネットによって突如として始まったのではない。アナログであるとはいえ電信・電話・放送といったメディアが社会に強いインパクトを与えてきた。

にもかかわらず，かつて地理学の場で「情報」の問題を正面から取り扱った研究の広がりは大きなものではなかった。本書で今日の「インターネットと地域」を論じるにあたって，まず，「情報の地理学」のよって来たるところを簡単に振り返っておきたい[1]。

1) 前　史

情報や通信を扱った地理学研究の源流は，稲永の一連の研究に求められよう。稲永（1986）によれば，(旧)逓信省職員であった彼が通信に関する地理学研究を始めたのは1949年で，省内向け教科書の編纂や，各種需要予測のための基礎データを収集する地域調査法の確立が目指されたという。しかし，1970年代なかばまでに情報を扱った地理学研究としては，稲永などによる電話を扱った研究のほかには，原田による新聞配達圏に関する一連の研究をみるのみであり（原田，1974），電波メディアを扱った研究も皆無であった。

2) 概念の誕生

日本の地理学で「情報の地理学」という概念が明示的に提起されるのは1980年代に入ってからである。竹内が発表した「情報の地理学のために」と題された短いエッセイは，「情報革命」がもたらす新しい意味とそれに対する地理学研究の立ち遅れを鋭く指摘し，ヒトやモノといった実体を伴わない情報の動きが空間組織形成にもたらす作用を解明することの必要性を説いた（竹内, 1982）。

竹内の「情報の地理学」概念は，その後の研究の出発点となった。たとえば，山田は「『情報の地理学』構築のために」という副題をつけた展望論文の中で，「情報の地理学」は情報の空間性そのものを論じる研究であるとし，その一部として，地域間の情報流のあり方を客観的に捉えようとする「情報流の地理学」を提案している（山田, 1986）。さらに山田は，「情報流の地理学」の1つの方法

---

[1] 日本での「情報の地理学」の成立の経緯については荒井(2003)を参照。

として，情報流の回路であるコミュニケーション・メディアに注目し，メディア研究を「情報の地理学」の中に位置づけた。

1980年代の後半になると，当時，急速な発展を遂げつつあった情報ネットワークが明示的に意識されるようになる。1970年代から1980年代にかけては，旧電電公社の民営化と通信事業への民間参入といった動きによって通信回線の開放が進み，光ファイバーも実用化されはじめた時期であった。「ニューメディア」の名のもとに，パソコン通信，VAN[2]，ケーブルテレビなどが出現したのもこの時期である。こうした状況の中で，日本の地理学者が情報への関心を強めたのは自然ななりゆきであった（北村ほか, 1989）。

3）実証研究

このように1980年代に提起された「情報の地理学」の構想は，たしかに魅力的ではあったが，必ずしも具体的な研究戦略を示したものではなかった。ニューメディアをはじめとする当時の情報化が多分に期待先行であって，詳細な実証研究の対象となりえるものではなかったのである。しかし，1980年代末から1990年代なかばにかけて，おもに企業活動の場で情報ネットワーク化が急速に進んだことを反映して，1990年代には，将来予測的な議論にとどまらない実態分析に基づいた研究が盛んになる。

とくに，商業・流通産業では，取引現場での情報ネットワークの利用が一般化し，卸売，量販チェーン，コンビニエンス・チェーンなどさまざまな分野での事例研究が相次いだ。箸本（1996）は商業・流通分野でのこうした研究成果を，①情報ネットワーク化を前提とした多頻度小ロット配送の普及，②情報システムを軸とした中間流通段階（卸売）の再編，③消費財製造業における流通チャネル縦断的な情報流の構築と生産体制の再編といった視点から整理している。このように，他に先駆けて進展した商業・流通分野での情報化研究は，1990年代に1つの到達点に達したといえよう。

もちろん，当時，情報ネットワーク化が進展したのは商業・流通分野だけで

---

2) Value-Added Network（付加価値通信網）。パケット交換，プロトコル変換，電子取引データ・フォーマット変換などのサービスを付加したデータ通信サービス。

はない。たとえば，山川・柳井（1993）は，製造業をはじめとする企業の活動における情報ネットワーク化の直接的な影響が大きいのは，グローバル化と「消費と生産の一体化」の局面であるとし，その典型的な例として，国際分業に基づく生産体制の基盤となる情報ネットワークや，消費動向を即座に生産の場に反映させることを目的とした情報・物流システムをあげている。

このように 1990 年代に企業活動における情報化を扱った実証研究が急増するのは欧米でも同様であった。そうした動きを受けて，荒井ほか（1998）はこの時期に進展した内外の研究動向を整理し，それまでに一定の研究蓄積のみられるテーマとして，①個別産業（製造業，商業・流通業，金融業）に対する情報化の空間的影響，②企業組織とオフィス立地，③都市・地域政策と情報技術利用といった分野をあげている。

4）理論化

欧米の地理学で情報化を扱った研究が始まった時期は，日本に比べてとくに早かったというわけではない。しかし，1990 年代の日本の地理学が，企業活動の情報化を中心とした実証分析に集中していくのに対して，欧米では「情報の地理学」を理論化・体系化しようとする試みがみられた。

たとえば，都市社会学者であるカステルは 1989 年の著書『インフォメーショナル・シティ』の中で，情報がもたらす社会変革を理解するための明解な枠組を提示し，「情報の地理学」の研究者にも強い影響を与えた。彼は，1970 年代後半の石油危機を契機として，欧米社会は工業を基盤とした経済発展が限界を迎え，情報が生産性の決定的要因となる「情報発展モード（informational mode of development）」の段階に入っており，地域的には集中と分散という二重の空間変化が生じる一方で，労働市場の二重化がもたらされていると主張している（Castells, 1989）。

グラハムとマーヴィンは，情報化研究のパラダイムを再検討して，「技術がすべてを決める」という素朴な「技術決定論」や「技術はすべてを解決する」という未来志向的「ユートピア論」ではすでに現実を説明できなくなっており，今日目前の事態を理解するためには，政治経済の矛盾を指摘する「ディストピア論」や技術受容におけるアクター間の社会過程に注目する「社会構成主義」

の視点が必要であると主張している。彼らの著作『情報通信と都市』は，こうしたパラダイムシフトをふまえて，情報ネットワークが都市社会にもたらす影響の諸側面を，①経済のリストラクチャリング，②都市社会と都市文化の変容，③都市環境，④公共交通とライフライン，⑤都市の物的形態，⑥都市の計画・政策・管理という6つの論点から検討している（Graham & Marvin, 1996）。

5）認知と定着

2000年に開催された経済地理学会大会でのシンポジウム「産業空間および生活空間の再編と交通・通信・情報」は「情報の地理学」が学界一般に認知されたことを明確に示したイベントであった。このシンポジウムのオーガナイザーであった竹内は，趣旨説明の中で，情報技術の社会経済的なインパクトを経済地理学の検討対象としなければならないと主張した（経済地理学会, 2000）。「情報の地理学」は，竹内の最初の提起から20年を経て，ようやく定着の段階を迎えた。

しかし，20世紀最後の数年にいたって事態は急展開した。最初は軍事用，次いで学術用のコミュニケーション手段として発達してきたインターネットが一般に公開され，商用サービスが始められると，世界各地で爆発的に普及し，社会の根幹をゆるがすようなインパクトをもたらすことになった。21世紀の「情報の地理学」には「インターネットの時代」をどう受け止めるかという重い課題が課せられることになったのである。

2 インターネットの発展

1）インターネット社会の到来

インターネット（the Internet）は，1969年にアメリカで軍事利用を目的として開発されたARPANETがその嚆矢である。当時，ソ連との軍拡競争を繰り広げていたアメリカは，スプートニク・ショック[3]をきっかけとして

---

[3] 1957年のソ連による人類初の人工衛星「スプートニク1号」の打ち上げ成功により，アメリカの政府や社会に走った危機感。アメリカは自国を宇宙開発のリーダーだと信じていたが，「スプートニク1号」成功のニュースはアメリカの自信を覆した。

新しい通信技術の開発に着手した。そして，中枢の司令部が攻撃を受ければ機能不全に陥る中央管理型の通信システムに対して，仮に司令部が攻撃を受けても，各部門あるいは各地域が複数のルートを通じて通信環境を維持できるような自律分散型の情報通信ネットワークが構想され，その具体化としてARPANETが開発されたのである。1969年にアメリカの4大学で運用が開始されたARPANETは，1972年に公開実験，1973年に国際接続が行われるなど，技術開放が進んだ。また，1982年にヨーロッパでEUnet，1984年に日本でJUNET[4]の運用が開始されるなど，アメリカ以外でも独自のコンピュータ・ネットワークが開発された。さらにこの時期には，TCP/IPプロトコル[5]やドメインネームシステム[6]，電子メールなど，現在のインターネットの基盤となる技術やルールが確立された。

1990年にはアメリカでARPANETが停止され，商用インターネットの運用が始まった。日本でも1992年に商用インターネットの運用が開始された。さらに，1995年には研究利用を目的とするアメリカのNSFNET（1986年運用開始）が運用停止となり，商用インターネットに移行した。これらの動きは，それまで軍事機関および研究者に限定されていたインターネットの利用が企業や個人にも拡大する契機となった。また，1991年にWorld Wide Web（以下，ウェブ），1993年にウェブ閲覧ソフト「NCSA Mosaic」が開発され，ウェブ上に掲示された情報を容易に参照できるようになった。日本では，1995年1月に発生した阪神・淡路大震災で被災者やボランティアのコミュニケーション・メディアとしてインターネットが利用され，その有用性が指摘されたことや，マイクロソフト社がTCP/IPプロトコルを組み込んだOSソフト「Windows95」を同年12月に発売したことも，企業や個人のインターネット利用を促進する契機となった。

2000年代に入ると，利用者がインターネットに接続したままウェブの情報を

---

4) 日本の大学や研究機関を結ぶコンピュータ・ネットワーク。1991年まで運用された。
5) Transmission Control ProtocolとInternet Protocolからなる，現在のインターネットで標準的に用いられる通信手順。
6) ホストの一意性を保ち，管理を容易にするための情報管理システム。階層的な名前をつけ，その構造と対応させて情報を分散的に管理している。

容易に編集できるといったような技術改良が進展し，ブログやSNS[7]など，こうした技術をベースとした新しいサービスも次々と提供されるようになった。これらの新しい技術やサービス群は「Web2.0」と総称された（O'Reilly, 2005）。また，この頃には通信回線のブロードバンド化も進展した。日本を例にとれば，1999年にADSL，2001年にFTTH[8]のサービスが開始され，通信料金の値下げおよび定額制の採用もあって，利用者は高度なサービスを比較的安価に利用することができるようになった。さらに，携帯電話のインターネット接続も可能となり，情報端末のモバイル化が進展した。

インターネットは可塑的なコミュニケーション技術であり，その利用方法によってコミュニケーションの方法を自由に調整できるが，おもな利用方法としては，以下の3つがあげられる（和田, 2008a）。第1は利用者が情報をウェブ上に開示したり，その情報を閲覧したりする方法であり，ウェブサイトやブログなどを通じて行うことができる。第2は利用者が情報の交換および共有を通じて相互に交流する方法であり，電子メールや電子掲示板（以下，BBS），チャット[9]，SNSなどを通じて行うことができる。第3は利用者がそこに没入したり，仮想的に活動したりする方法であり，オンラインゲームや仮想空間サービス[10]などを通じて行うことができる。

2）インターネットがもたらしたもの

1990年代なかばにインターネットの商用サービスが開始され，一般社会に爆発的に普及すると，情報ネットワークの利用が市民にとってあたり前のものとなった。この「情報ネットワークの社会化」の中では，誰もが予想しえなかった社会変化が怒濤の勢いで始まった。そうした変化はきわめて多岐にわたって

---

7) Social Networking Service の略。人と人とのつながりを経営したり，維持・強化したりすることを目的とするコミュニティ型のウェブサイト。FacebookやTwitter, LINEなどが代表的。
8) 光ファイバーを伝送路として住宅へ直接引き込む光通信の方式。
9) インターネットを利用してリアルタイムの会話を楽しむことができるサービス。
10) インターネット上に仮想の社会や空間を自らの意思と相互の協調によって創り出すことができるサービス。日本ではアメーバピグやLINE Playなどが代表的。

おり,それを扱った研究も膨大な数にのぼる。ここでは,それらを網羅的に紹介する余裕はないので,デジタル・デバイドとサイバースペースという2つの局面のみを取り上げ,その論点を指摘しておきたい[11]。

①デジタル・デバイド　前述のように,情報化の進展の中で,それに対応できる人々と取り残される人々の分化が起こるというデジタル・デバイドの問題は,グラハムとマーヴィンらによって早くから指摘されていた。彼らは,世界各地を結ぶ情報ネットワークがもたらす経済のグローバル化とその帰結としての経済のリストラクチャリングが社会の分極化をもたらす中で,貧困や教育の不足などの理由で情報化から取り残される社会階層が生まれてくる可能性を指摘している。インターネットの出現によって,そうした心配はまさに眼前のものとなった。デジタル・デバイドの初期の議論でおもに指摘されたのは,低位の社会階層に属する人々はインターネットにアクセスするためのコスト負担に耐えることができず,必要な知識やスキルを身につけるための教育を受ける機会も限られることから,就業機会が狭められ,それによってあらたな貧困が再生産されるという構図であり,基本的には先進国の都市社会が念頭に置かれていた (Graham & Marvin, 1996; Castells, 2001)。しかし,地域という視点からみると,社会階層だけではなく,先進国－途上国,都市－農村,中心地域－周辺地域,平野地域－山間地域といったさまざまな切り口に対応した格差が生じているという現実に直面する。すなわち,地理的デジタル・デバイドの発生である。

---

11) 荒井 (2005) は,インターネット普及以降の欧米の地理学における研究動向を,1) インターネットの普及に伴って,現実の地理的空間の中で進行する社会経済の変化を扱う「情報化社会の地理学」と,2) ネットワーク上にヴァーチャルに出現するコミュニケーション空間そのものを扱おうとする「サイバースペースの地理学」に区分した整理を試みた。このうち,「情報化社会の地理学」については,インターネット以前には情報技術の利用可能性やその経済的効果を論じた研究がほとんどであったものが,インターネット出現以降は,情報技術の普及がもたらす社会的・政治的影響に注目した研究が増加したことを指摘し,その論点として,①IT時代の産業立地,②新しい都市産業集積,③縁辺地域の成長戦略,④電子商取引,⑤情報化と都市,⑥デジタル・デバイド,⑦電子的監視,⑧政治とインターネット,の8つをあげている。

たとえば，カステルがグローバル・デジタル・デバイドとよんだように，各国間の経済格差に対応してインターネットの普及状況には大きな差がみられる（Castells, 2001）。加えて，全体の経済水準が低い途上国では，グローバル化を背景として，社会階層や地域によって情報ネットワークへのアクセスが著しく不均等になる場合がしばしばある。グラハムは，その例として，途上国の特定開発地区の中だけで高度な情報インフラが整備され，外の地域はまったく未整備のまま取り残されてしまうという現象が生じていることを報告している（Graham, 2002）。

　都市の内部についても，新しいかたちの地理的デジタル・デバイドが発生する可能性が指摘されている。グラハムとマーヴィンは，1970年代以降，通信サービスをはじめとするインフラ・ネットワークの変質が生じていることを指摘している。先進国の都市では，19世紀後半から1960年代にかけての長期間にわたって，市内をあまねくカバーするインフラ・ネットワークが行政主導によって建設され，市民の誰にでも普遍的に提供される公共サービスが実現されてきた。しかし，規制緩和の流れに乗って，民間企業の参入と競争原理の導入が進められると，市内サービス／長距離サービスの分離，市内サービス会社の地域分割，固定サービス（有線電話）と移動体サービス（携帯電話）の分離，新規参入業者への市内回線解放などといったかたちで，通信インフラが要素ごとに分解（unbundling）されることとなった。個々の顧客や地区を料金負担力に応じて選別したサービスが出現し，取り残された地区では個人にとって対処のしようのない不利益をこうむることになることになる。彼らは，こうした現象をバイパシイング（bypassing）という概念を用いて整理している（Graham & Marvin, 2001）。

　②**サイバースペース**　「サイバースペース」という言葉は，インターネットの普及以降，人々の口によくのぼるようになった。「サイバースペース」は，SF作家ウィリアム・ギブソン（W. Gibson）によってはじめて使われ，情報ネットワーク上に作り上げられた仮想的な世界をさす。サイバースペースの議論は，インターネット以前に，パソコン通信やBBS，MUD[12]のような，情報ネットワークを利用した個人間のコミュニケーション手段が登場したときに始ま

っている。しかし，インターネットの普及によって，サイバースペースは社会の大多数の人々にとって直接実感できるものとなった。

サイバースペースは，現実の地理的実体をもたない，いわば「どこにもない空間」であるが，それを地理学の研究対象としようとする「サイバースペースの地理学」の概念が提案されている。この概念をはじめて提唱したキッチンは，デジタル・データがコンピュータ・ネットワークで結びつけられたネットワーク空間がサイバースペースであるとの定義を与え，①サイバースペースを構成するさまざまなコネクションは地理的に不均一に存在する，②情報は身体（body）が存在する場所（locale）でこそ意味をもつ，③サイバースペースは現実世界の中で空間的に固定された事物（インフラ，資源，市場，労働力，社会ネットワークなど）に依存しているという理由で，「サイバースペースは地理的である」と断じている（Kitchin, 1998b）。

キッチンは，地理学の分野で最初に『サイバースペース』と題された著作の中で，サイバースペースを，「現実社会における情報化の現象」と「ネットワークの中にバーチャルに形成された抽象世界」に分け，このうちバーチャル世界についてはその文化と社会性を論じている。BBSやMUDなどの不特定多数の参加者が自由にコミュニケーションを交わす手段が確立すると，そこにコミュニティが成立するようになった。もちろん，バーチャル世界といえども，そこに多数の人が関わる以上，なにがしかの文化が生まれる。そうしたバーチャル・カルチャーの典型がサイバーパンク（cyberpunk）であり，その具体例としてはサイバーカフェ，サイバーナイトクラブ，環境音楽などがあげられている（Kitchin, 1998a）。

キッチンは，サイバースペースの中に構築されるバーチャル世界の段階に入った状況を読み解くには，グローバル化や産業リストラクチャリングの中で分裂する個人やアイデンティティを論じようとする「ポストモダン」論，あるいは，さまざまな行為の意味を物語や言説から読み解こうとする「ポスト構造主義」アプローチの必要性を説いている。

---

12) Multi-User Dungeon / Multi-User Domain（マルチユーザー仮想環境）。不特定多数が参加して会話を交わすネットワーク上の仮想的な場所。

20世紀の最後の数年間に欧米で急展開した情報化研究の特徴は，情報化の影響を社会・政治・文化といった局面から捉えようとする「社会的・文化的転換」とでもいうべき動きである。現実の社会において，デジタル・デバイド，電子的監視，政治手段としてのインターネット，あるいはバーチャル・カルチャーといった現象が出現する中で起こった「社会的・文化的展開」は，現実世界を扱うにせよバーチャル世界を扱うにせよ，避けては通れない巨大な問題提起であった。

しかし，同じ時期の日本では，欧米でのこのような動きとは異なり，地域政策・地域振興のツールとしてのインターネットという別の側面に関心が向かったのである。

3 地域情報化とインターネット

日本における情報通信基盤の整備は1970年代以降に急速に進展した。「新しい全国総合開発計画」（1969年閣議決定）では電気通信網の整備が重点施策の1つに位置づけられ，データ通信網の整備が急速に進むとともに，公衆電気通信法の改定により電話回線がデータ送信用に開放された。また「第三次全国総合開発計画」（1977年閣議決定）では，地域間の情報格差を解消するため，ケーブルテレビなどの地域メディアの開発や新しい光ファイバー回線の整備が進められた。さらに「第四次全国総合開発計画」（1987年閣議決定）ではISDNの全国展開，地域情報通信拠点の整備などが構想され，これらを具体化するために，自治体はそれぞれに策定した地域情報化計画をもとに，テレトピア構想（郵政省（当時）），テクノポリス構想およびニューメディア構想（通商産業省（当時）），インテリジェント・シティ構想（建設省（当時）），グリーントピア構想（農林水産省）などの補助事業を活用して，行政事務の電算化やデータベースの構築，住民サービスの向上を目的とする各種の情報通信システムの構築を推進した。

インターネットについても，1990年代は通信インフラの整備が主たる行政課題であった。1992年に商用インターネットが開始され，1995年に「Windows95日本語版」が発売されたことなどから，1990年代後半にインター

ネット利用人口は急増したものの,利用者のほとんどはダイヤルアップ接続かつ従量制料金のもとでインターネットを利用してきた。とくに中山間や離島・半島などの地域では,アクセスポイントの整備が遅れ,地理的に離れた都市部のアクセスポイントに高い料金を払って接続しなければならなかった。こうした状況に対して,政府や民間団体などが主導してブロードバンドの整備や自治体情報ハイウエイ[13]の構築などが進められた。さらに,2001年策定のe-Japan戦略,2004年策定のu-Japan戦略をふまえ,超高速ブロードバンドの整備が推進されてきた。その結果,日本のブロードバンド整備は他国に先駆けて進み,2011年3月までにブロードバンド利用可能世帯率は99.6%,超高速ブロードバンド利用可能世帯率は92.7%となった[14]。

　2000年代に入ると,日本における地域情報化の取組みは,自治体による行政サービスのオンライン化や通信会社やケーブルテレビ局による情報通信基盤の整備を主目的とする段階から,整備された情報通信基盤の利活用を通じた地域の活性化を主目的とする段階に移行してきた(飯盛・国領, 2007)。すなわち,情報へのアクセシビリティの向上を目指す段階から,情報をいかに利用するかというアダプタビリティの段階へ移行した(Sui, 2000)。e-Japan戦略(2001年)では,超高速ブロードバンド整備に加えて電子政府の実現,電子商取引の推進,人材育成の強化が重点分野に位置づけられた。これを受けて,たとえば総務省は,ブロードバンドを活用したあらたなモデル事業をいくつかの地域で展開したり,自治体からブロードバンド基盤の利活用方策に関する提案を受け付け,選定された提案に対して一定の補助金を交付したりした。また,1990年代に行政や民間事業者による情報通信基盤整備の必要性を訴えてきた民間団体「CANフォーラム」も,2000年代には自治体や市民が主体となった地域情報の編集・発信活動の支援へと事業方針を転換した。

　こうした支援体制の変化もあり,従来は自治体や企業,市民が個別に対処することが困難であった地域問題について,インターネットを活用して解決しようとする「地域情報化プロジェクト」が日本各地で生まれてきた(飯盛・国領,

---

13) 光ファイバーなどによって構築される自治体間を結ぶ高速通信回線網。
14) ITU(International Telecommunication Union, 国際電気通信連合)資料による。

2007)。地域情報化プロジェクトが具体化した地域では，次の2つの点で，「地域の（における）コミュニケーション」に変化が生じた。第1には，インターネットを利用することで地域内の多主体間のコミュニケーションが容易となり，協同的意思決定やパートナーシップに基づく諸活動が展開しやすくなった。第2には，インターネットを通じて地域外と多主体とのコミュニケーションが容易となり，人や組織が地域内部の「過剰な埋め込み」から解き放たれ，新しい関係を構築できるようになった。このように，インターネットは地域にあらたなコミュニケーション回路を生み出し，それを基盤としてあらたな社会的ネットワークやアイデア，実践が創発されるようになってきたのである（土屋，2004；国領，2006）。

4 「インターネット」×「地域」

以上をふまえて，次章以降では，インターネットの普及・定着が進んだ21世紀初頭の日本の諸地域におけるインターネットと，その上に蓄積され流通する情報を活用したさまざまな地域情報化プロジェクトの報告を通じて，インターネットと地域に関わる多様な実態を浮き彫りにしようする。第Ⅰ部では「インターネットの整備と地理的情報格差」をテーマとし，情報へのアクセシビリティの観点から，日本のさまざまな地域におけるインターネット基盤整備の実態と課題を報告する。これに続く第Ⅱ部では「インターネットを利用した地域・産業の構築」をテーマとし，日本の各地における地域情報化プロジェクトの実態を描き出す。最後の第Ⅲ部では「生活者のインターネット利用とオンライン・コミュニティ」をテーマとし，情報をいかに利用するかというアダプタビリティの観点から，生活者によるインターネット利用の実態と彼らが作るオンライン・コミュニティの内実を浮き彫りにする。

第Ⅰ部「インターネット整備と地理的情報格差」は，「第1章　地域情報化政策の変遷と地方行政広域化の下での課題」と「第2章　条件不利地域における地理的デジタル・デバイドとブロードバンド整備」「第3章　低人口密度地域におけるブロードバンド整備と事業所のネット利用」と題する3つの章から構成される。第1章では，地域情報化政策の変遷を概観したうえで，「平成の大合

併」に代表される近年の地方行政広域化がそれに及ぼした影響を指摘する。そのうえで，「誰のための情報化か」を問い直し，自治体の力量や地域社会の実態をふまえた地域情報化施策を推進することの必要性を提起する。続く第2章では，ブロードバンド整備に焦点を絞り，その整備に困難が伴う条件不利地域における自治体の対応を把握し，検討する。そのうえで第3章では，条件不利地域におけるブロードバンド整備効果を把握し，そうした地域におけるブロードバンド整備の意義を産業面から検討する。第2章と第3章の内容は，グラハムらが指摘した地理的デジタル・デバイドの発生という問題への関心に基づいている。先進国の1つである日本において，都市－農村，中心地域－周辺地域，平野－山間といった地域の違いによって，住民等の情報ネットワークへのアクセスの違いがどのように生じているのか，あるいはそれを生じさせないための政策がどのように推進されているのか，またそれらの政策は実効性を伴っているのか，といった点が事例分析を通じて検討される。

　第Ⅱ部「インターネットを利用した地域・産業の構築」は，「第4章　インターネットによる地方自治体の情報発信」と「第5章　地場産業振興とインターネット：高齢者アグリビジネス『いろどり』の事例」，「第6章　商店街におけるウェブサイトの開設と活用」，「第7章　医療分野におけるICTの利用」と題する4つの章から構成される。題目からわかるように，第Ⅱ部は，インターネットを活用した地域情報化プロジェクトを取り上げる。各章が取り上げる地域情報化プロジェクトは，分析対象とする地域や分野，システム，推進主体に違いがみられる。第4章は自治体によるインターネットを活用した情報発信を検討するのに対して，第5章と第6章では民間企業や経済組織が主体となったインターネット活用の取組みを取り上げる。このうち第5章は山間部に住む高齢女性たちと農協によるアグリビジネスを，第6章は大都市の商店街による情報発信活動を分析対象とする。医療分野を取り上げた第7章では，医療サービスの充実を目指して構築される地域医療連携システムを対象として，その普及プロセスを関係主体間の関わりに着目して明らかにする。

　地域情報化プロジェクトは，デジタル・データがコンピュータ・ネットワークで結びつけられたネットワーク空間であるサイバースペースを構築したり，活用したりするものといえる。しかし，地域情報化プロジェクトを通じて

構築・活用されるサイバースペースは，現実社会から完全に遊離しているわけでなく，キッチンも指摘するように，現実世界の中に空間的に固定されたインフラ，資源，市場，労働力，社会的ネットワークなどに依存しているのが実態であり，きわめて地理的なものといえる（Kitchin, 1998b）。そのため第Ⅱ部では，地域情報化プロジェクトを通じて構築・活用されるサイバースペースの特徴を説明するだけでなく，それらを支える地理的環境，とくに地域情報化プロジェクトの推進主体とそれを取り巻く制度と社会的文脈について詳細な検討を加える。その分析視点の第1は，地域情報化プロジェクトを取り巻く法律・条例や制度と，交通条件や通信施設，推進体制などのインフラである。第2はインターネット上に構築，運営される各メディア・サービスの特性と設計・運営戦略である。第3は関係主体が構築，維持，活用する社会的ネットワークであり，それがどのように生成され，どのような形状を有し，また各主体間の紐帯がどのような意味をもつかに着目する。

　第Ⅲ部「生活者のインターネット利用とオンライン・コミュニティ」は，「第8章　子育て世代の「情報戦争」とインターネット」「第9章　芸術・文化鑑賞者の行動特性とインターネット利用の実態」「第10章　まちづくりにおけるインターネット利用」と題する3つの章から構成される。題名から明らかなように，子育て，芸術・文化鑑賞，まちづくりという3つの生活シーンにおけるインターネット利用の実態を描き出すことをねらいとしている。このうち第8章と第9章に共通するのは，生活者がサイバースペースに流通する情報をいかに取得するかという観点である。子育てを取り上げる第8章では，育児ネットワークが変化する中で孤立を深める東京圏の母親がインターネットから子育て情報を積極的に取得している状況が報告される。一方，芸術・文化鑑賞を取り上げる第9章では，鑑賞・観劇に関する情報取得にあたり，居住地の違いによってインターネット利用に違いが生じていることを指摘する。

　一方，第8章と第10章に共通するのは，生活者がインターネット上で活発なコミュニケーションを展開し，オンライン・コミュニティを形成しているという点である。そして，オンライン・コミュニティが現実社会から遊離して存在するのでなく，現実社会の生活と密接な共生関係にあり，地理的空間に重なり合うかたちで成立していること（Kitchin, 1998b）が実証される。このよう

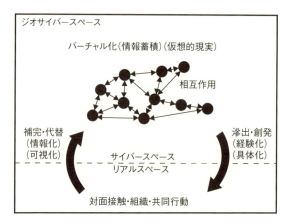

図0-1　サイバースペースとリアルスペースの相互関係

なオンライン・コミュニティと現実社会の関係に着目した研究は，欧米の地理学において2000年代に入って行われるようになったものである。たとえばバキスは，サイバースペースとリアルスペースを別々に捉えるのでなく，両者が結合した1つの空間「ジオサイバースペース（geocyberspace）」を情報化時代のあらたな地理的現実として扱うべきだと主張した（Bakis, 2001）。またケラーマンは，サイバースペースとリアルスペースは情報と知識によって媒介されるとしたうえで，両者の関係には相互依存と共同創出，相互作用の3パターンがあると指摘した（Kellerman, 2002）。サイバースペースとリアルスペースの関係については，筆者も社会的ネットワークに着目して，以下の3パターンを提起している（和田，2008b；図0-1）。すなわち，①リアルスペースにおける既存の社会的ネットワークを強化するためにサイバースペースを補完媒体あるいは代替媒体として利用するもの（補完・代替），②サイバースペース上であらたな社会的ネットワークが形成されるものの，それらの相互作用がサイバースペース上だけで完結するもの（バーチャル化），③サイバースペース上であらたに形成された社会的ネットワークがリアルスペースに滲出し，対面接触を伴う物理的行動を創発するもの（滲出・創発），の3パターンである。このうち①は，自治体が行政情報や地域情報をウェブサイトに掲載したり，市民やサークルなどが日常の出来事をブログに掲載したりするケースが相当する。また②は，BBSや仮想空間サービスなどで参加者間の情報交換や仮想の共同行動が行

われるものの，それがリアルスペースでの行動に結びつかないケースなどが相当する．さらに③は，BBSやSNSなどに投稿された記事をもとに参加者間で企画が立案・調整され，リアルスペースでイベントが開催されたり，ビジネスが展開されたりするケースなどが相当する．

　以上にみたように，第Ⅰ部は地方行政の再編と地理的デジタル・デバイド，第Ⅱ部は地域情報化プロジェクトを取り巻く地理的・社会的文脈，第Ⅲ部はサイバースペースとリアルスペースの相互関係などに着目する．これらはいずれも，インターネットとそれを活用した取組みが地表上の空間的位置や社会生活と無関係ではなく，つとめて地理的であることを示すものである．これらの点をふまえつつ，次章以下，今日の「インターネットと地域」について，事例をあげながら具体的に検討していこう．

【文　献】

荒井良雄（2003）．「情報の地理学」は成立したか？　高橋伸夫［編］21世紀の人文地理学展望　古今書院　pp.254-270.

荒井良雄（2005）．情報化社会とサイバースペースの地理学—研究動向と可能性　人文地理 **57**, 47-67.

荒井良雄・箸本健二・中村広幸・佐藤英人（1998）．企業活動における情報技術利用の研究動向　人文地理 **50**, 550-571.

飯盛義徳・国領二郎［編著］（2007）．「元気村」はこう創る—実践・地域情報化戦略　日本経済新聞出版社

稲永幸男（1959）．電話通信発生からみた日本の地域区分　地理学評論 **32**, 145-161.

稲永幸男（1986）．情報地理学についての研究　立正大学人文科学研究所年報 **23**, 1-8.

北村嘉行・寺阪昭信・富田和暁［編著］（1989）．情報化社会の地域構造　大明堂

経済地理学会（2000）．大会記事「産業空間および生活空間の再編と交通・通信・情報」　経済地理学年報 **46**, 459-478.

国領二郎［編著］（2006）．創発する社会—慶應SFC〜DNPプロジェクトからのメッセージ　日経BP企画

竹内啓一（1982）．情報の地理学のために　地理 **27**, 88-89.

土屋大洋（2004）．人々をつなぐネットワーク—創発するコミュニティ　原田　泉・土屋大洋［編著］デジタル・ツナガリ—拡大するネットコミュニティの光と影　NTT出版 pp.187-196.

箸本健二（1996）．流通情報化における空間的変化と地理学の研究課題　法政地理 **24**, 51-66.

原田　榮 (1974). 大都市地域における新聞配布―東京都区部の場合　地理学評論 **47**, 343-358.
山川充夫・柳井雅也 [編著] (1993). 企業空間とネットワーク　大明堂
山田晴通 (1986). 地理学におけるメディア研究の現段階―「情報の地理学」構築のために　地理学評論 Ser.A **59**, 67-84.
和田　崇 (2008a). インターネットの発展と地域情報化　徳山大学論叢 **67**, 83-116.
和田　崇 (2008b). インターネットをめぐる地理学的研究の動向―地域のコミュニケーションの視点から　人文地理 **65**, 423-442.
Bakis, H. (2001). Understanding the geocyberspace: a major task for geographers and planners in the next decade. *NETCOM* **15**, 9-16.
Castells, M. (1989). *The Informational City: Information Technology, Economic Restructuring and the Urban-Regional Process*. Oxford: Blackwell.（カステル, M. ／大澤善信［訳］(1999). 都市・情報・グローバル経済　青木書店）
Castells, M. (2001). *The Internet Galaxy: Reflections on the Internet, Business, and Society*. Oxford: Oxford University Press.（カステル, M. ／矢澤修次郎・小山花子［訳］(2009). インターネットの銀河系―ネット時代のビジネスと社会　東信堂）
Graham, S. (2002). Bridging urban digital divides?: Urban polarization and information and communications technologies (ICTs). *Urban Studies* **39**, 33-56.
Graham, S. & Marvin, S. (1996). *Telecommunications and the City: Electronic Spaces, Urban Places*. London: Routledge.
Graham, S. & Marvin, S. (2001). *Splintering Urbanism: Networked Infrastructures, Technological Mobilities and the Urban Condition*. London: Routledge.
Kellerman, A. (2002). *The Internet on Earth: A Geography of Information*. Chicheter: Wiley.
Kitchin, R. (1998a). *Cyberspace: The World in the Wires*. New York: Wiley.
Kitchin, R. M. (1998b). Towards geographies of cyberspace. *Progress in Human Geography* **22**, 385-406.
O'Reilly, T. (2005). What is Web2.0: Design patterns and business models for the next generation of software. 〈http://oreilly.com/web2/archive/what-is-web-20.html（最終閲覧日：2014年4月25日）〉
Sui, D. Z. (2000). The e-merging geography of the information society: From accessibility to adaptability. D. G. Janell, & D. C. Hodge (eds.). *Information, Place, and Cyberspace: Issues in Accessibility*, 107-129. Berlin: Springer.

第Ⅰ部
インターネット整備と地理的情報格差

第1章
地域情報化政策の変遷と地方行政広域化の下での課題

　いわゆる「平成の大合併」によって日本の地方自治は大きく再編され，多くの地域において地方行政は広域化を遂げた。「平成の大合併」は，「人口減少・少子高齢化等の社会情勢の変化や地方分権の担い手となる基礎自治体にふさわしい行財政基盤の確立を目的として」（総務省自治行政局合併推進課, 2010）取り組まれ，結果的に財政基盤の確立に困難を抱える小規模自治体を中心に具体化した。周縁的な地方都市や農山漁村などがおもな政策対象となるという点で，「平成の大合併」と地域情報化政策には高い共通性がある。地域情報化政策の枠組において，行政の広域化は経営主体の変化や事業対象区域の拡大を意味するが，政策課題自体の意義を変質させる可能性もはらんでいる。本章は，以上のような認識に立ち，1980年代以来，地方圏の市町村が大きな役割を果たしてきた地域情報化政策において，地方行政広域化がどのように影響したのか，現状の素描を試みるものである。

1　地域情報化政策の変化

　「地域情報化」は，1980年代なかば以来，さまざまな省庁が関わる政策スローガンであった（山田, 1995）。ここでは一連の「地域情報化」政策において，「地域情報化」というキーワードがどのように解釈され，また，どのような「地域」におけるどのような「情報化」が概念規定されてきたかについて立ち入った議論はしないが，もっぱら中央の各省庁が掲げる「地域」が，地方自治体などが受け皿となって中央からの制度や財政面での支援を受けて取り組む事業を

意味すること，また，「情報化」が，おもに電子的情報処理技術や通信技術などを支えとし，先端技術と結びついていることを前提としつつ，社会的にその影響力が広がっていく，ある種の必然性を帯びた好ましい動きであるという共通した認識があったことは確認しておくべきであろう。その後，ほぼ30年が経過する中で，その具体的な取組みの内容は当然ながら変化し，急速に進行した情報通信メディアの技術革新によって，政策対象となるメディアも大きく変化してきた（田畑, 2005；大杉, 2008）。

初期の地域情報化政策においては，ハード面を中心とした新規メディアのモデル地域への導入に重点が置かれた。結果として，特定地域に整備された多様な「ニューメディア」のシステムが，そのサービス対象が地理的に限定された，あらたな地域メディアとして全国各地に出現することになった。しかし，最初期に「ニューメディア」として話題になったCAPTAINシステムやパソコン通信などは，早々に過去のものとなった。21世紀に入ってからは，地域情報化の文脈で政策的に振興される事業やメディアの性格に変化が起こり，振興政策の対象は，2000年前後以降におけるブロードバンドの普及や，1990年代後半以降に社会的に定着したインターネットと携帯電話の存在をインフラストラクチャーとして前提とするICT（Information and Communication Technology）の応用へと傾斜している（高田, 2012；表1-1）。

しかし，地域情報化政策の変化は，振興の対象となる技術や媒体の変化にとどまらない。補助金の使いみちも，かつては典型的な箱モノ行政的な発想から，もっぱらシステム立ち上げ時における施設や設備などハード面の整備費に限定されていたが，その後は徐々に，システム開発の経費や，いったん立ち上がった後の維持費などにも，柔軟な対応が可能になってきた。

その一方で，市場原理にゆだねたままでは避けられない，「中央／地方」ないし「大都市／地方都市・農村部」の対立図式において，両者の情報格差を是正することを目指し，周辺地域における先駆的実験をモデル事業として支える，という地域情報化政策に通底する基本的なモチーフは変わっていない。2000年前後から，時期によって多様な形態で進められてきたブロードバンド・ネットワークの構築過程においても，民間主導を大原則としながら，市場性を欠いた過疎地などにおける整備には，中央政府が深く関与してきた（高田, 2012）。

表 1-1 「情報通信白書」特集テーマの変遷（1985-2013 年）

発行年	特集テーマ
1985 年	通信行政の新展開
1986 年	通信インフラストラクチャーの飛躍を求めて
1987 年	暮らしの中の通信，地域と情報化
1988 年	地域の発展と情報通信，転換期の国際通信
1989 年	重層情報社会の形成と通信
1990 年	国際交流の進展と情報通信
1991 年	豊かな生活と情報通信
1992 年	ゆとりと活力のある情報社会の形成と電波利用
1993 年	映像新世代
1994 年	マルチメディアが拓く情報通信の新たな世界
1995 年	マルチメディア化と情報通信市場の変革
1996 年	情報通信が牽引する社会の変革
1997 年	放送革命の幕開け
1998 年	デジタルネットワーク社会の幕開け～変わりゆくライフスタイル～
1999 年	インターネット
2000 年	IT がひらく 21 世紀～インターネットとモバイル通信が拡げるフロンティア～
2001 年	加速する IT 革命～ブロードバンドがもたらす IT ルネッサンス～
2002 年	IT 活用型社会の胎動
2003 年	日本発の新 IT 社会を目指して
2004 年	世界に拡がるユビキタスネットワーク社会の構築
2005 年	u-Japan の胎動
2006 年	ユビキタスエコノミー
2007 年	ユビキタスエコノミーの進展とグローバル展開
2008 年	活力あるユビキタスネット社会の実現
2009 年	日本復活になぜ情報通信が必要なのか
2010 年	ICT の利活用による持続的な成長の実現 ～コミュニケーションの権利を保障する「国民本位」の ICT 利活用社会の構築～
2011 年	共生型ネット社会に向けて
2012 年	ICT が導く震災復興・日本再生の道筋
2013 年	「スマート ICT」の戦略的活用でいかに日本の元気と成長をもたらすか

2000 年以前は「通信白書」の特集テーマ（総務省ウェブサイトにより作成）

また，末端の現場における政策の担い手，受け皿が，基本的には基礎自治体としての市町村であることも，大きくは変化していない。この点に関しては，NPO法人など民間団体や，第三セクター組織が重要な役割を果たす事例が拡大しつつあることを重視する論調もあり（高田, 2012），さらに，必ずしも地域情報化政策に依存しない市民活動としての地域情報化を重視する議論もある（大杉, 2008）。しかし，そのような事例においても，事業の実効性を保証する協働者，後見役としての基礎自治体の役割は依然として決定的に重要であり，地域情報化政策における道府県レベルを含めた地方行政の関与が後退しているとみるのは性急にすぎよう。

2 「平成の大合併」のインパクト

いわゆる「平成の大合併」による地方自治，地方行政の広域化がもたらした帰結については，合併推進の当事者であった総務省による総括がすでにあり（総務省自治行政局合併推進課, 2010），多様な議論が諸分野から提起されている。基礎自治体の減少は，自治体の平均面積の拡大を意味し，合併前に117 km² 程度だった市町村の平均面積は，今や 220 km² 程度へと拡大している。

合併への政策的誘導のもとにあっても，財政基盤がしっかりした市町村は，合併に突き進む必要性が薄く，多くが自立を選んだ。他方，北海道夕張市や長野県王滝村のように，財政が破綻ないしそれに近い深刻な状態にあった町村は，近隣町村と合併することもできず，自立せざるをえなかったが，それはごく少数の例外であった。いわゆる過疎地，中山間地域に位置する，財政基盤に脆弱さを抱えた町村の多くは，合併に参加して自治体としての地位を失い，ほとんどの場合，新市（町）の周縁に位置づけ直された。役場は支所として残っても，機能は縮小され，町・村議会がなくなり新市議会へは地域代表を送りにくくなる。それでも，中途半端に自立してジリ貧におちいるよりはと，住民たちが選んだうえでの合併であるが，長期的にみれば，旧町村単位の地域意識，コミュニティの絆が揺らいでいくことは避けがたい。

逆に，合併によって中山間地域を周縁部に受け入れた，地域の中核的な都市の立場から眺めると，中心市街地からかなり離れた周縁の中山間地域にまで，

均質な行政サービスを保証しなければならない,という苦しい状況がみえてくる。行政広域化は,単に行政対象の面積が広がるだけでなく,従来よりもアクセスが難しいところで,それまでとは異質な行政課題が山積することを意味している。そうした新規の負担が,業務集約,規模拡大による合理化によって吸収できるか否かは,簡単には判断できない。

　地方行政の広域化は,既存の地域メディアにもさまざまな変化をもたらし,地理的な意味でのメディアのサービス領域が市町村合併を契機に大きく変化した地域も各地にある。とくに,放送事業として長く基礎自治体単位の免許・許認可制度のもとに置かれてきたケーブルテレビ事業やコミュニティ放送には,市町村合併を機に経営統合やエリア拡大が一挙に進む例もあり,地域情報化の進捗という観点から評価すべき事例もみられるが,他方では,合併によって制度上の整合性が損なわれる事態が生じてしまう例もある(山田, 2012)。

　地域情報化の具体的な取組みにおいては,生活情報の地域的需給がどのように存在し,その中で既存のメディアがどのような機能を果たし,また,果たしていないのかが,その事業の成否を左右する重要な前提となる。各地域における生活情報流通の担い手である既存の地域メディアが,行政広域化の中でどのような状況にあるのかは,単純な総括にはなじまない。以下では,まず,代表的な放送系の地域メディアであるケーブルテレビとコミュニティ放送について,大まかな傾向をメディアごとに確認し,次いで,インターネットの普及をめぐって地域情報化政策の旗印のもと,それぞれの地域で取り組まれてきた動きについて展望していく。

　なお,日刊地域紙をはじめ,非日刊地域紙,タウン誌,フリーペーパー(マガジン)など,商業的に成立している印刷媒体による地域メディアが普及している地域,とくに日刊地域紙が成立し,ある程度の普及率を達成している場合には,合併に至る過程においても,合併後も,あらたな自治体領域の住民意識の一体感を高め,情報共有を進めるうえで,印刷メディアが果たす役割は大きいが(山田, 2012),印刷メディアは成熟した「オールド・メディア」であり,地域情報化政策の中に位置づけられることはない。そこで本章では,検討の対象を電気通信技術やそれと関連性の深い地域放送メディアに絞り込む。

3 放送系地域メディアの動向

1) ケーブルテレビ

　ケーブルテレビには，自主放送チャンネルなど情報発信メディアとしての側面と，ブロードバンド回線としての側面があり，政策上の位置づけや力点の置かれ方も，時代による変化があった。地域情報化政策の初期には，営農支援的な性格をもつ気象などの自動観測システムや，自主放送チャンネルの役割がしばしば強調されたが，近年では，インターネットに接続されたブロードバンド，インフラストラクチャーとしての意義が重視されている。ここでは前者の放送メディアとしての役割に焦点を当て，後者については後述の「地域的ブロードバンドの整備」の議論において言及する。

　有線放送の一形態でありながら，広義の放送行政のもとに置かれているケーブルテレビ（有線テレビジョン放送）は，原則として基礎自治体である市区町村を単位とする，事実上の地域独占免許制度が大きな特徴となっている。ケーブルテレビ事業は，立ち上げの時点では免許地域の中で採算性が期待できる一部だけを対象に施設を設けて事業区域とし，その後は，監督官庁（かつての郵政省，現在の総務省）の認可をそのつど受けながら，徐々に施設拡充を進めて事業区域を拡大し，免許地域内の空白を段階的に埋めていくのが通例である。あらかじめ将来にわたって独占が認められる空間的領域を最初に確保したうえで，徐々に実際のサービスエリアを拡大していくという形態は，同一地域内における複数の事業者間の競争が事業主体の経営を不安定化させ，情報インフラとしての機能が危うくなる事態を避けるためと理解される。

　この原則に対する例外の1つに，行政が直営するか，行政色の強い第三セクターに運営をゆだねる「農村型ケーブルテレビ」と通称される施設がある。公的補助金を得て一挙に対象地域全域に施設を設け，自治体や農協などが運営にあたった，かつての農村多元情報システム（MPIS）施設は，その典型であった（宗圓，2002）。自治体による直営が認められる地域メディアは，自治体広報紙などの印刷媒体やインターネット上の諸サービスを別にすれば，防災無線システムとケーブルテレビしかない。1980年代には，防災無線システムとケーブルテレビのいずれを導入するかで頭を悩ませた農村部の自治体も少なくなかっ

た。今日では、加入世帯数でみればごく限られた存在でしかないものの、事業者数でみれば自治体や第三セクターが運営するケーブルテレビは大きな比重を占めている。これは、厳しい競争環境のもと、M＆Aによる規模拡大が進んで民間事業者が事業者数を減らしてきたのとは対照的に、全国各地に多数の小規模な施設が、税金や補助金にも支えられながら温存されてきたことを意味している（表1-2）。

市町村合併において、一部の自治体に公営ケーブルテレビがすでに存在している場合、既設自治体と未設自治体の合併協議において、未設自治体側が同等の水準での施設整備を（あるいは暗黙のうちに）事実上の合併要件の1つとするような場合もある。また、財政的に余裕のある未設自治体が、合併を契機に既設自治体に準じた水準で一挙に導入する場合もある。こうした状況では、既設自治体が未設自治体より小規模であっても、合併後の新自治体の全域まで、事業区域が一挙に拡大することがある。長野県大町市の大町市ケーブルテレビや、長崎県対馬市の対馬市ケーブルテレビはその典型的な事例である。いずれの事例においても、合併前に既設地域であった旧自治体（長野県美麻村、長崎

表1-2　ケーブルテレビの運用主体別事業者数、設備数、加入世帯数（2013年3月）

運営主体	事業者数	設備数	加入世帯数（千世帯）
営利法人	94	162	10,767
	17.2%	22.8%	38.4%
第3セクター	219	285	16,223
	40.2%	40.1%	57.9%
地方公共団体	203	234	811
	37.2%	33.0%	2.9%
公益法人	5	5	186
	0.9%	0.7%	0.7%
その他	24	24	55
	4.4%	3.4%	0.2%
合計	545	710	28,044
	100.0%	100.0%	100.0%

上段は実数、下段は合計に占める割合（総務省資料により作成）。

県美津島町）は，新市域のごく一部を占めているにすぎない相対的に小規模な自治体であったが，合併を契機に公営ケーブルテレビは新市全域へ一挙に普及が進められた（山田，2012）。

　個別に公営ケーブルテレビを整備済みの市町村どうしが合併する場合は，合併後にシステム一元化が課題となる。その過程では，サービス内容や料金設定，設備の規格など，乗り越えるべき問題も多く，一元的なシステムへの移行に相当の時間を要することは，大分県臼杵市（城戸，2006）や同県佐伯市（大杉，2007）の事例について詳細に報告されているとおりである。自治体が直営する農村型ケーブルテレビは，小規模な町村における運営実績が蓄積されてきたが，合併の結果として肥大化した新自治体の公営ケーブルテレビは，従来のノウハウでは対処できない質的な転換に直面する場合もあろう。加入者からみれば，身近だった村役場のスタジオからのお知らせが，山ひとつ越えた隣町に新設された市役所からの放送に取って代わられる，という事態が生じるわけで，潜在的には，地域住民の地域認識や地域社会への参加に影響が及ぶ可能性もある。

　一方，基礎自治体単位で得た当初の免許地域を起点に，隣接する市町村へと免許地域を広げてきた民間のケーブルテレビ施設が展開する地域では，そうして形成された免許地域の地理的範囲と合併の枠組が合致するか，食い違うかによって，状況が大きく異なる。免許地域の拡大を追認するように市町村合併が行われる場合には，問題はほとんど生じないし，ケーブルテレビの自主放送番組などがあらたな自治体の領域の一体性を高めるうえで一定の役割を担いうる。しかし，免許地域の地理的範囲とは異なる枠組での合併が行われると，長野県松本市のテレビ松本のサービスエリアと，広域合併後の松本市域の広がりの食い違いにみられるように，隣接自治体との関係において，制度上の整合性が損なわれることも起こる（山田，2012）。

2）コミュニティ放送

　ケーブルテレビと同様に，広義の放送行政のもとに置かれているコミュニティ放送（小出力のFMラジオ放送）は，市町村単位を原則として免許が与えられ，また，免許を与えられた区域の一部のみをサービス対象とすることが容

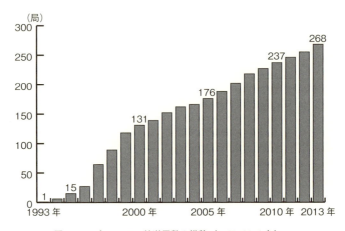

図 1-1　コミュニティ放送局数の推移（1993-2013 年）
各年3月末の局数を示している。（コミュニティ放送協会資料により作成）

認されていることに注目すれば，ケーブルテレビと共通性が高い地域放送メディアである。しかし，コミュニティ放送は，その発展の初期から同一地域に複数の免許が出されており，地域独占免許という色彩は薄い（山田, 2000）。また，無線電波を使う放送という技術的特性から，しばしばスピルオーバーとして免許区域外の隣接市町村にも事実上の聴取可能域が広がる可能性がある（山田, 2012）。さらに，行政の直営が認められていない点も，ケーブルテレビとは異なっている（山田, 2000）。

　1992 年の制度導入直後のコミュニティ放送は，相当の初期投資を要する事業とされていたが，その後は徐々にノウハウが蓄積され，21 世紀に入ると，準備すべき資金という面でも，許認可のハードルという面でも，以前よりはるかに開局が容易になり，放送中の局数は毎年堅調な拡大をみせている（図 1-1）。資金力に限界がある NPO 法人による運営例も次々と登場し，新規開局が集中する地域にも変化が現れ始めた。こうした中で，従来コミュニティ放送がなかった地域において，市町村合併を契機として，新設時から中継局を設置して新市域を広くカバーするコミュニティ放送局が新規に開局する例も現れており，また，公営ケーブルテレビと同様に，既設自治体と未設自治体の合併に際して，中継局の設置によって放送区域が一挙に新市域全体へと拡大する例も多数出現

している（山田, 2012）。

一方，新市域内に異なる地域を基盤とする複数のコミュニティ放送局が存在しているところでは，新市域全体を放送対象とする新設局が成立した例はない。そうした状況下では，既存局の利害が複雑にからまり，調整を通して新自治体の領域をカバーする媒体を構築するのは困難なのであろう（山田, 2012）。

4　地域におけるデジタル・ネット・メディア

1）地域的ブロードバンドの整備

インターネットなど，あらたなICTに支えられたデジタル・コミュニケーションに不可欠な情報インフラとしてのブロードバンドは，通常の意味では地域メディアにはあたらないが，2000年前後から地域情報化政策の中核に置かれて整備が進められてきた（高田, 2012）。そして，上述のように，ブロードバンド・ネットワークの構築は，民間主導を大原則としつつも，市場性を欠く地域における基盤整備には，国が積極的に関わりをもってきた（高田, 2012）。

ブロードバンドは，異なる技術的基盤のうえに立つ多様なものが存在する。たとえば，大分県が2000年代に構築に取り組んだ「豊の国ハイパーネットワーク」は，県が県内各市町村の役所・役場まで光ファイバー・ケーブルを用いた幹線網を構築し，そこに多様な技術に基づくネットワークをアクセスさせるものであったが，接続可能なアクセスネットワークの具体的な種類については，既存LAN/高速LAN，FTTH，ISDN，DSL，無線LANとともに，ケーブルテレビ網などを含む多様な技術的選択肢があげられていた（笹岡・福田, 2002）。

とくに2000年前後には，国土の全域に一定水準以上のインターネット環境を普及させ，どこにいてもネットを介したサービスが享受できる「ユビキタス」な状態が目指されるなか，一般家庭など利用者側からインターネットへの物理的接続に要する末端の伝送路をどう確保するかという，いわゆるラストマイル問題（日本ではラストワンマイルと称されることが多い）に注目が集まり，地域的に構築されるブロードバンドをめぐって多様な選択肢が議論の俎上にあがった（青山・岡田, 2000）。すでに一定の水準でケーブルテレビが整備されていた地域においては，これをブロードバンドとして利用することが合理的選択肢

となりえた。もともと有線放送として出発しながら，双方向通信を技術的可能性として内包していたケーブルテレビは，通信機能を発揮しうる技術的背景をもちながら，行政上の棲み分けから実験的なかたちでしかそれを活用できていなかったが，インターネットの普及初期にあたる 1990 年代後半以降は，あらたな制度整備を受け，各地のケーブルテレビ会社が第一種電気通信事業者の認可を得てプロバイダー事業に乗り出してきた（佐野, 2004）。

これに対して，公営ケーブルテレビは，当初はさまざまな制度上の懸念から，プロバイダー業務にはなかなか手を出そうとしていなかった。しかし，過疎の進む中山間地域でも，既設地域ではケーブルテレビがブロードバンドとして有利であること，また 2011 年に完了した地上波テレビのデジタル化に際して，ケーブルテレビの「高度化」が有利だという認識が広まると，公営ケーブルテレビのプロバイダー業務は，制度面でもむしろ奨励されるようになった。2000 年代なかばには，ケーブルテレビ未設の地域においても，インターネットとデジタル化の時代に，とくに中山間地域において推奨される選択肢として，地方総合通信局レベルでのケーブルテレビ普及への働きかけがみられるようになった。

ケーブルテレビは，たとえば中山間地の小盆地に孤立した集落があるようなケースでは，地域内で普及させやすいが，少数の世帯が山中に散在しているような状況では，ケーブルの敷設コストが膨大となり，費用対効果が極端に悪化する。未普及のまま最後まで残ったところまでのサービス供給のコストが肥大化するこの現象は，しばしば下水道普及の取組みにもたとえられる状況である。そこで，おもにケーブルテレビを利用したブロードバンドの整備が一巡した，あるいは，その先ゆきの見当がついた段階では，サービス圏外に残された住民を対象とした，無線系の技術を使う伝送路の確保が政策課題として浮上することになり，とくに，中山間地域におけるワイヤレス・ブロードバンド関連技術の活用へ向けた実証実験は，重要な課題となった（松江ほか, 2010）。

地域的ブロードバンドの整備をめぐる動きの中で，上述のように，行政の広域化は公営ケーブルテレビの普及を後押しする方向で機能することがあった。少なくとも市町村合併の当初においては，周縁化された地域への政策的配慮の中で，ワイヤレス・ブロードバンド技術の導入を含め，中山間地域でのブロードバンドの整備が政策的に優先されやすい状況があった。

2）インターネットを使った諸サービス

1990年代後半以降，情報インフラとしてブロードバンドが張りめぐらされ，インターネット環境の整備と，ネット端末として機能する携帯電話の普及を背景に，インターネット上のさまざまな情報コミュニケーション手段が，次々に登場してきた。その中には，ごく初期から取り組まれた自治体広報や観光振興策におけるウェブの利用に始まり（賀来, 1996），おもに市民を対象とした広聴活動の一環としての掲示板の運営や各種SNSの利用など（金川, 2011），地域情報化政策の枠組においても注目され，利活用されてきたものも多い。

ウェブサイトが典型的なように，本来インターネット上に公開された情報は，受け手が特定地域に限定されず，世界中の不特定者の目に触れうる。同じインターネット利用サービスであっても，メール配信のように特定の受け手への情報提供を前提とする場合には，受け手を地域の枠組で限定し，明確な地域メディアとして性格を与えることも可能であるが，ウェブサイトのように不特定の受け手を前提とする場合には，コンテンツが地域性を帯びるがゆえに地域メディアと称されるということにすぎない。また，合併によってサービス対象となる領域が拡大しても，負担となる業務の量的増大はさほどはないようである。

インターネットの出現と発展は，従来からの地理的範域に基礎を置く地域のあり方に対し，それを乗り越えた領域にも及ぶ活動を可能にすることで，当該地域に居住していなくても何らかの関与をもっているステイクホルダーたちを取り込んだ，あらたな地域の再構成へ途を開いた（山田, 2001）。ふるさと納税制度の理念にもみられるように，特定地域と結びついている人々は当該地域の住民ばかりではない。一方では，不特定多数を対象として想定した観光情報等の発信などに積極的に取り組んでいる地方自治体も多いが，住民向けサービスと一般向けサービスの間に，地域外のステイクホルダーを意識したサービスを提供していくことは，地理的制約に縛られないインターネットを活用して自治体が展開すべき課題として，今後浮上してくることであろう。

5　地域情報化の再構築へ

「平成の大合併」のような国家スケールにおける政策方針の転換は，実際に

合併を経験したか否かにかかわらず，自治体レベルにおける地域情報化の課題にも当然影を落とす。自治体の側には，人材育成の問題などがしばしば深刻な問題として残っており，限られた人材が，合併に伴う自治体内の情報システム統合に追われ，地域情報化への取組みが後回しになる，という状況も生じている（田畑, 2005）。そうした中で，先進的な成功事例とされる自治体では，前職において情報化関連の職務経験のある首長などが，強力なリーダーシップをとる事例が目立つ。とくに，行政広域化を経験した地域においては，行政の効率化とともに，あらたな領域における住民意識の統合に資するような地域情報化が課題として浮上しており，既存の地域メディアなど，より大きな民間の関与を求める取組みの重要性が増している。

　地域情報化政策の諸事業には，まとまった公金が採算性の乏しい非効率な事業に投じられる，という基本的な構図があり，その成果の評価は，事業を担う側からはしばしば過大に肯定的な自己評価が自画自賛的になされ，他方では，事業を懐疑する側から，さまざまな論点から厳しい批判が提起される（豊島, 2007）。このため，個々の政策事案の評価は容易ではないが，提供されるサービスを享受する住民側の情報リテラシー水準に由来するデジタル・デバイドの壁は，課題として今後も長く残るものであろう。

　デジタル・デバイドをめぐる議論では，一方には，高齢者であっても情報リテラシーの高い人々は存在し，そうした層による高齢者への情報支援などが機能するという報告もあるが（山尾, 2005），他方では，高齢者に限らず，インターネットを利用する層の中にも，SNS の機能活用などについてはデジタル・デバイドがつきまとうという指摘もある（森部, 2009）。高齢者に限らず，障がい者，低所得者，僻地居住者など，いわゆる情報弱者ほど，日常生活において行政に依存する度合いは大きくなりがちである。行政からの情報提供業務が，究極的に全面的なデジタル化，ユビキタス化へと進んでいくとしても，そこで情報弱者を切り捨てることは許されない（図 1-2）。

　自治体行政の中でも，情報弱者に対する配慮の必要性は浮上してきており，たとえば自治体のウェブサイトをアクセシビリティの観点から検討する議論も行われているが（森部, 2009），他方では，より効率的な行政対応のためにも，行政サービスのいっそうのデジタル化，ユビキタス化への積極的な取組みも求

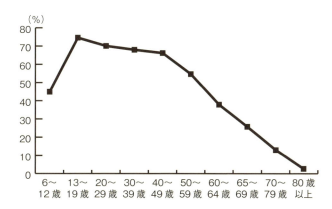

図1-2　世代別ブロードバンド利用率（2012年12月）
（総務省「平成23年通信利用動向調査」により作成）

められている。今後のいっそうの情報化の進展の中で，行政側は，一定以上の水準で情報リテラシーをもった大多数の住民への対応と，そうではない，また決して少数とはいえない，情報弱者の住民への二重の対応を，構造的に抱え込む可能性が高い。そして，後者の住民の空間的分布が，合併された新市域の周縁部，中山間地域に遍在する事態もしばしば生じるだろう。こうした問題は，携帯電話ならぬ「ケータイ」を自在に操る若者世代が高齢者になる時点に至れば，雲散霧消するのかもしれないが，同時に，その時点におけるあらたなデバイスが要求する機器操作のリテラシーをめぐって同じ問題が生じることも考えられる。

「平成の大合併」は，基礎自治体の財政基盤強化を目的とする，行政改革の一方策という側面があった。これには，2000年代初頭以降，とくに強調されてきた公営組織の法人化・民営化の流れ，たとえば指定管理者制度の導入・拡大などともからみながら，基礎自治体の本体部分を圧縮していく動きが連動している。このため基礎自治体では，地域情報化担当を含め，特殊性のある現場を抱える部門について，人材育成の内制化ではなく，NPO法人などを含めた民間への委託による，業務の外部化を選ぶ傾向が強まっている。これがどのような影響を与えるかは，長期的な視点で関心がもたれるべき論点であろう。

行政の広域化による基礎自治体の形式的拡大が，なんらかの尺度で計測可能

な実質的な生活圏や，ローカル・アイデンティティ，地元意識に及ぼす影響は，短期的にではなく，長期的に表面化してくる。その変化の過程で，地域メディアや地域情報化政策がどう関与し，住民の生活や意識を変化させる／させないのかは，興味深い課題であるが，その答えは今後のもろもろの実践の中で，これから立ち現れてくる。その過程においては，「誰のための地域情報化か」を常々問いなおし，基礎自治体の力量や，地域社会の実態をふまえた方策が地域ごとに採用されるような，多様な地域情報化のあり方が模索されるべきであろう。そこでは，行政のひとりよがりではなく，地域内外の営利企業や，コミュニティ指向の非営利組織も事業に巻き込みながら，幅広い文脈における「地域づくり」に貢献できるような，地に足が着いた，身の丈にあった地域情報化の実践が期待される。

【文　献】
青山友紀・岡田賢治（2000）．有線系と無線系が混在し乱世を迎えた「ラスト 1（ワン）マイル」―課題は，速く，安く，使いやすく　情報処理（情報処理学会）**41**(4), 403-405．
大杉卓三（2007）．地方ケーブルテレビの現状とコミュニティチャンネル―大分県佐伯市の事例研究　比較社会文化：九州大学大学院比較社会文化学府紀要 **13**, 45-51．
大杉卓三（2008）．地域情報化における意味と政策の変遷　比較社会文化：九州大学大学院比較社会文化学府紀要 **14**, 1-6．
賀来健輔（1996）．インターネットを利用した自治体広報活動―岩手県内自治体アンケート調査結果を踏まえて　Artes liberals（岩手大学）**59**, 99-120．
金川幸司（2011）．ネット社会とコミュニティ・ガバナンスに関する研究―ローカルネットコミュニティの比較分析から　経営と情報（静岡県立大学）**23**(2), 43-56．
城戸秀之（2006）．「ユビキタスネットワーク社会」，市町村合併と地域情報化―大分県臼杵市の事例による　経済学論集（鹿児島大学）**66**, 17-40．
笹岡政彦・福田　保（2002）．豊の国ハイパーネットワークについて　研究報告書 2001年度，財団法人ハイパーネットワーク社会研究所，74-82．
佐野匡男（2004）．ケーブルテレビの現況と今後の展望―広域連携による競合他社との差別化　情報研究：関西大学総合情報学部紀要 **21**, 79-92．
宗圓孝之（2002）．農村多元情報システム（MPIS）にみる農業情報利用の地域的条件―長野県朝日村・山形村の事例から　立命館地理学 **14**, 1-16．
総務省自治行政局合併推進課（2010）．「平成の合併」について
高田義久（2012）．地域情報化政策の変遷―2000年代におけるICT 利活用・人材育成へ

の対象拡大　メディア・コミュニケーション：慶応義塾大学メディア・コミュニケーション研究所紀要 **62**, 135-147.

田畑暁生（2005）．地域情報化政策の事例研究　北樹出版

豊島慎一郎（2007）．地域情報化と市民参加—大分県臼杵市を事例として　大分大学経済論集 **58**(5), 57-77.

松江英明・宮澤　悟・七松　敏・平田幸広・蓮井昭夫・山崎正浩・福井　博・マシュー, H.・宮島　元・矢澤義彰（2010）．安曇野市におけるモバイルWiMAXシステムを用いたネットワーク/サービス実験の概要について　電子情報通信学会技術研究報告（RCS無線通信システム）**109**(369), 163-168.

森部陽一郎（2009）．自治体ウェブサイトのアクセシビリティに関する調査研究　宮崎公立大学人文学部紀要 **16**(2), 1-19.

山尾貴則（2005）．インターネット時代の福祉情報化—長野県諏訪地域における取り組みを手がかりに　作新学院大学人間文化学部紀要 **3**, 29-45.

山田晴通（1995）．地域情報化 その1（検証 日本の地域振興・第9回）地理 **40**(10), 75-79.

山田晴通（2000）．FM西東京にみるコミュニティFMの存立基盤　人文自然科学論集（東京経済大学）**110**, 59-84.

山田晴通（2001）．地域の情報化から，地域の再構成へ　コミュニケーション科学（東京経済大学）**15**, 71-83.

山田晴通（2012）．平成の大合併と地域メディアをめぐる動向　コミュニケーション科学（東京経済大学）**36**, 3-30.

第2章
条件不利地域における地理的デジタル・デバイドとブロードバンド整備

　情報技術が社会経済の基盤的存在としてその意味を増大させていく中で，それに即応できる人々と取り残されていく人々とが二極に分かれていく，いわゆるデジタル・デバイドの問題が危惧されている。地理学的視点に立てば，デジタル・デバイドの存在がとりわけ注目されるのは，中山間地や離島などの条件不利地域である。山間地や離島などの条件不利地域では，その地理的条件からブロードバンドの整備には困難が伴う。そうした中で，日本政府はブロードバンドを全国に普及させようとする政策を打ちだし，自治体レベルでの整備を促進することを目指した事業を実施してきた。本章では，こうした日本の現状をふまえて，2000年前後からのブロードバンドの普及期に，条件不利地域の自治体がとった情報化政策の詳細とその背景，技術的および制度的問題，さらには，地域振興策の現状を把握・検討してみたい。

1 条件不利地域におけるブロードバンド整備と政策的対応

　最初に，全国の市町村を対象とするアンケート調査の結果に基づいて，条件不利地域におけるブロードバンド普及の現状と地理的デジタル・デバイド解消に向けた自治体の政策を確認しておこう。

1）政府によるブロードバンド促進政策

　OECDによれば，2010年における日本のブロードバンドの普及率（人口100人あたりのブロードバンド契約数）は26.3である。OECD加盟国の平均

は，24.4 であるから，日本はそれより若干高いが，北欧や韓国などに比べると決して高いとはいえない水準である。そうした中で，政府は 2004 年に策定した u-Japan (ubiquitous Japan) 政策の中で，2010 年までにすべての国民がブロードバンドを利用できるようにするという目標を掲げた。さらに，2006 年の次世代ブロードバンド戦略 2010 では，2010 年までにブロードバンドを利用できない地区（ブロードバンド・ゼロ地区）を解消し，同時に，超高速ブロードバンド（通信速度 30Mbps 以上）の世帯カバー率を 90％以上とするという目標を設定している（総務省，2008）。

2) 地方自治体によるブロードバンド整備事業

筆者らは，2009 ～ 2010 年に，三大都市圏内と政令指定都市をのぞく全国 1,326 市町村を対象としてブロードバンド整備に関するアンケート調査（回収数 453，回収率 34.2％）を行った（荒井ほか，2012；Arai et al., 2013）。以下，その結果をもとに，条件不利地域におけるブロードバンドの整備状況を確認しよう。

まず，2010 年までにブロードバンド・ゼロ地区を解消しようとする政府の政策目標に対して，調査時点で，本当に同地区はなくなっていたであろうか。回答市町村のうち，ブロードバンド・ゼロ地区がまったく存在しないとしたものは 53.3％，同地区は存在するが 1％以下（住民数ベース。以下同様）としたものは 18.9％であり，ブロードバンド整備がほとんどの市町村で進んでいることは事実である。

政府は，国内のブロードバンド整備を促進するために，各種の補助制度を用意してきた。そうした政府の補助制度の中で，条件不利地域におけるブロードバンド整備の主力になったのが，新世代地域ケーブルテレビ施設整備事業と地域情報通信基盤整備推進交付金（ICT 交付金）である。

新世代地域ケーブルテレビ施設整備事業は，1994 年度に創設された補助事業で（当初は郵政省所管，省庁再編後は総務省所管），市町村または第三セクターがテレビ放送のデジタル化とインターネット接続に対応したケーブルテレビ施設を整備する際に，国が経費の一部を補助するものである。1994 ～ 2005 年度の事業期間中に，全国で 898 件が採択され，補助総額は約 750 億円である（総務省，2004a）。一方，地域情報通信基盤整備推進交付金は，新世代地域ケーブ

ルテレビ施設整備事業の内容を吸収するかたちで 2006 ～ 2009 年度に実施された補助事業である。この間の補助対象は 437 件，補助総額は約 940 億円にのぼる。この事業では，通信・放送のサービス種別による補助事業の区分を撤廃して，光ファイバー，ケーブルテレビ，ADSL，FWA（固定無線接続）などの幅広い施設を対象とする補助によって，地理的デジタル・デバイドの是正を目指している。この事業の交付対象は過疎，辺地，離島，半島，山村，豪雪等の指定を受けている地域であり，新世代地域ケーブルテレビ施設整備事業に比べて，地理的条件から通信ブロードバンド整備が難しい地域に対象を絞っていることが特徴である（総務省, 2009）。

　ブロードバンド整備を対象の中に含む国の補助は，総務省や農林水産省，国土交通省などが，それぞれいくつもの制度を用意しており，きわめて多岐にわたる。今回のアンケートで回答のあった整備事業が受けた補助の中でもっとも多かったのは地域情報通信基盤整備推進交付金で，全体の 36.6％を占め，新世代地域ケーブルテレビ施設整備事業が 16.7％でそれに続いている。両者を合わせれば全体の半数を超えており，ブロードバンド整備に対するさまざまな国の補助制度の中で主要な位置を占めていることになる。

3) ブロードバンド整備事業の効果

　こうした自治体によるブロードバンド整備事業によって，当該地域のブロードバンド環境はどの程度改善されたのであろうか。アンケートへの回答によれば，ブロードバンド整備事業を実施した市町村ではブロードバンド・ゼロ地区が皆無か 1％（人口比）以下であるものは 75.3％であるのに対し，実施しなかった市町村では 65.3％にとどまる。それに対して，ブロードバンド・ゼロ地区が 1 割以上のものは，整備事業を実施した市町村では 24.6％であるが，未実施の市町村では 34.7％である。たしかに，ブロードバンド整備事業が実施されれば，ブロードバンド・アクセスは目にみえて改善されるのである。

　それでは，このようなブロードバンド整備事業によって整備されたブロードバンド環境は，地域でどのように活用されているのであろうか。表 2-1 では，観光振興および特産品販売などを目的とするウェブサイトの開設率を，ブロードバンド整備事業を実施した市町村と実施しなかった市町村とで比較している。

第2章　条件不利地域における地理的デジタル・デバイドとブロードバンド整備

表 2-1　ブロードバンド整備事業の有無別の地域振興関係ウェブサイト開設率

サイト種類	整備事業あり	整備事業なし	市町村数
観光情報：商工会議所など	51.3%	42.4%	453
観光情報：観光協会	59.3	55.0	453
観光情報：旅館組合／商店街	18.9	9.3	453
物販：市町村	10.0	7.3	418
物販：農協／漁協	38.8	6.6	386
物販：その他の団体	26.4	18.1	355
物販：民間企業／個人	72.2	68.3	392
地域 SNS	15.5	9.6	443
地域ブログ	14.0	9.2	434

（市町村アンケート調査により作成）．

いずれの種類のウェブサイトでも，整備事業ありの方が整備事業なしの場合よりも高い開設率になっており，ブロードバンド整備事業の効果が認められる．しかし，その差はウェブサイトの種類によって異なっている．開設主体が市町村や商工会議所，観光協会など公的性格の強い組織の場合は，両者の差は大きくないが，旅館組合や商店街のように，経済活動に直接関わる組織の場合は差が開く．とくに，農協や漁協はブロードバンドが整備されるとウェブサイトを開設し，特産品の販売に乗り出す傾向が顕著である．

4) IRU 方式によるブロードバンド整備

　近年，条件不利地域においてブロードバンド整備を幅広く進めるための手法として IRU 方式を取り入れたビジネスモデルが注目されている．IRU (Indefeasible Right of User：破棄しえない使用権) 契約を結んで伝送路設備を他者から借り受けた者は，法律上，自らの事業として電気通信サービスを提供することができるが（総務省, 2004b），この方式によるビジネスモデルは条件不利地域におけるブロードバンド整備に大きな可能性を開いた．IRU 方式を利用すれば，商業ベースのブロードバンド・サービスの採算がとりにくい地区を抱える市町村でも，国等の補助を受けて光ファイバー等を整備し，それを民

間事業者に貸し出すことによって、ブロードバンド整備を進めることができる。民間事業者にとっては、参入の最大の障害である初期設備投資が回避できるために、日常的な運営コストのみを使用料収入からカバーできればよく、事業採算の確保は大幅に容易になる。

こうしたIRU方式の手法は、条件不利地域でのブロードバンド整備にどの程度利用されているのであろうか。今回の市町村アンケート調査で回答のあったブロードバンド整備事業では、2000年代中頃までは2割程度が採用しているにすぎないが、2000年代後半には急速に普及が進み、2010年代に入るとほぼ全数がIRU方式を採用している（図2-1）。

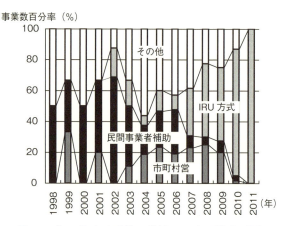

図2-1　ブロードバンド整備のビジネスモデル別構成の推移
（市町村アンケート調査により作成）

2 山間地域におけるブロードバンド整備

こうしたアンケート調査結果から、日本の条件不利地域において、政府の後押しのもとでブロードバンド整備が進められてきたことは確認できる。しかし、一口に条件不利地域といっても、たとえば、山間地と離島ではブロードバンド整備に際して克服すべき課題とそれに対する対応策は異なるであろう。以下、条件不利地域の地域特性とブロードバンド整備の関係を考察するために、具体的な事例分析を行ってみよう。まず山間地域の事例、続いて離島の事例を扱う。

第2章 条件不利地域における地理的デジタル・デバイドとブロードバンド整備

　ここでは，山間地域の事例として，長野県木曽地域における ADSL とケーブルテレビとの競合，および，三重県におけるケーブルテレビ網と一体化したブロードバンド整備の事例を取り上げよう（Arai & Naganuma, 2010）。

1）山間地域における ADSL とケーブルテレビとの競合：長野県木曽地域

　木曽地域は長野県の中でも山がちで，谷間に小集落が点在する典型的な過疎地区が数多く存在する。この地域のブロードバンド・サービスには，地元企業による ADSL サービスと自治体によるケーブルテレビ・サービスが競合した点に特徴がある。

　JANIS は，（株）長野県共同電算が長野県内で展開している ADSL サービスである。同社は，1999 年に日本で最初の ADSL 商用サービスを開始した長野県内企業の 1 つで，長野県全域で 188 局（2006 年時点）の NTT 交換局をノードとするネットワークを運営しており，木曽地域では 11 局の交換局をノードとしている。

　ところで，木曽地域のような山間地域で ADSL サービスを提供することには技術的問題が存在する。周知のように，ADSL 接続では通常，交換局からの路線長で 4km 程度が実用になる限界とされている。しかし，木曽地域のように交換局から離れた山間にも人家が点在している場合，路線長が大きくなるため，全域をカバーできなくなる。ADSL のサービスエリアは交換局から直線距離で 3km 程度とみなしうるが，GIS 上でシミュレーションを行ってみると，この範囲に収まる世帯は全体の 80.4%であり，約 20%の世帯は ADSL サービスを利用できないことになる（図 2-2）。

　JANIS は，こうした限界を克服するため，特殊な低速 ADSL モデムを利用する接続サービスを運用しており，路線長 10km 程度までは利用可能であるとしている。上と同様のシミュレーションで，直線距離 8km 以内では世帯カバー率 99.9%となるから，たしかに，この方式であればほとんど全世帯をカバーできることになる。ただし，この方式で達成できる伝送速度は最大でも 0.5Mbps 程度であり，実用性には限界がある。

　一方，ケーブルテレビ網を利用したブロードバンド・サービスは，ケーブルテレビ・サービスの普及と更新に伴って拡大した。高い山に囲まれた谷間に人

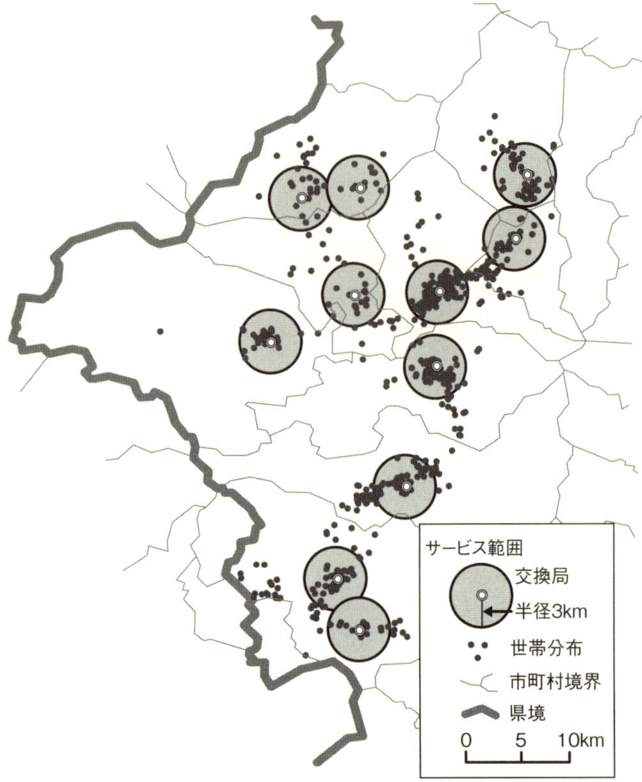

図 2-2　JANIS の ADSL サービス範囲
（JANIS 資料および 2010 年度国勢調査により作成）

家が分布している木曽地域には，難視聴対策のために，数十から数百世帯が共同で山頂に受信アンテナを設置する共聴組合が多数存在した。ところが，2011年7月の地上波デジタル放送への移行に対応するには，既存設備を全面的に更新する必要があった。しかし，ほとんどの共聴組合は人口減少と高齢化が進む過疎地域にあるため，高額の施設更新費用を負担する余裕がなく，行政による対応が要望されていた。木曽地域内の6町村から構成される行政連合体である木曽広域連合では，こうした事態を受けて，新しい公営ケーブルテレビ網を建設し，それを利用して，インターネット接続を含めた各種の情報サービスを提供する事業を開始した。

第2章　条件不利地域における地理的デジタル・デバイドとブロードバンド整備

　新しいネットワークの建設は，2005年～2007年に，新世代ケーブルテレビ施設整備事業や地域情報通信基盤整備推進交付金等の補助金を利用して進められ，総延長は1,300kmに及ぶ。このネットワークは完全公営の事業であるため，全地域住民に対するユニバーサル・サービスが期待され，中心集落から離れた遠隔地の住居もすべて接続するという方針のもとに建設が進められた。加入数は2009年3月時点で約17,000であり，一般世帯の93.6％が加入している。インターネット・サービスの一般世帯加入率は36.2％であり，0.5Mbpsの基本サービスと15Mbpsの高速サービスが提供されている。

　このように同ネットワークには多額の国費が投入され，残りも地元自治体の予算が充てられているため，利用料金は低額に抑えられており，テレビ放送の料金は月額1,050円と平均的なケーブルテレビの1/3程度の水準である。また，インターネット・サービスの料金は15Mbpsの高速サービスでも2,625円／月で，上記JANISのADSLサービスの70％程度である。さらに，JANISの遠距離接続サービスに相当する0.5Mbpsの低速サービスでは840円／月にしかすぎず，既存のADSLサービスはまったく競争力を失ってしまった。

2）ケーブルテレビ網と一体化したブロードバンド整備：三重県

　三重県はブロードバンドの普及過程の中でケーブルテレビが大きな役割を果たした地域である。三重県では，県庁が地域の情報化に積極的な態度をとってきたこともあって，1990年代なかばにケーブルテレビの普及が急速に進んだ。2000年頃には，県内のケーブルテレビ各社はデジタルテレビ放送とインターネット・サービスを開始し，山間地域を含めた県内全域でデジタル・サービスが提供されるようになった。

　ところで，三重県内のケーブルテレビ会社はすべて営利企業であり，木曽広域のような公営事業ではない。にもかかわらず，なぜ事業採算性に困難のある山間過疎地域にまでサービスエリアを拡大したのであろうか。その要因として，ケーブルテレビ網のデジタル化を推進しようとする国の政策とそれを受けた過疎地自治体の積極的な態度の影響を指摘できる。具体的事例として，ZTVと松阪ケーブルテレビを取り上げよう。

　ZTVは三重県内の津市周辺，南紀州地域および滋賀県・和歌山県の一部を

営業範囲とし，加入者数225千世帯，ケーブル総延長10,600kmと県内最大のケーブルテレビ会社である。同社のケーブル網はデジタル化が完了しており，平野部のみならず山間部でもブロードバンド・サービスが提供されている。インターネット・サービスの世帯加入率は津市周辺地域25.4%，南紀州地域19.1%である（2009年）。

　ZTVが，事業採算性に困難のある山間地域でのケーブル網建設に乗り出した背景には，地域に多数存在するテレビ共聴施設をZTVに移管することによって地上波デジタルテレビ放送に対応しようとする県や地元自治体の強い要請があったという。その際には，新世代ケーブルテレビ施設整備事業等の補助制度が利用可能であったが，同事業では，営業範囲に予定された市町村の出資が要件となっていた。そうした地元自治体の関与のために，当該市町村全域でのユニバーサル・サービスが要求され，集落から離れた独立家屋にまでケーブルが敷設されることになった。

　松阪ケーブルテレビは，加入者数64,000世帯，ケーブル総延長2,900kmと県内3位のケーブルテレビ会社である。同社のネットワークの建設にはやはり新世代地域ケーブルテレビ施設整備事業が利用され，地元自治体の関与が強いために，営業エリア内でのユニバーサル・サービスが要求された。2009年時点でのインターネット世帯加入率は全地域平均で24.9%である。

　松阪ケーブルテレビの場合，山間部の既存共聴施設を吸収するかたちで営業範囲を拡大していったために，そうした町村では加入率が非常に高く，ケーブルテレビの世帯加入率はほぼ100%となっている。そこは人口が減少傾向で高齢化が進行している地域であるが，デジタル・ケーブルテレビが完全に普及しているために，インターネット・サービスも加入率が比較的高く，海側の都市部よりむしろ高い加入率となっている。

　この両社とも，ネットワーク事業の収入の面では，利用料金の単価の高いインターネット・サービスが有効な収入源となっている。たとえばZTVの場合，全利用料金に占めるインターネット・サービスの割合は42%であり，同社の事業採算性に大きく貢献している。

3 離島におけるブロードバンド整備

　同じ条件不利地域であっても離島におけるブロードバンド整備には，山間地域とは別種の困難が存在する。離島でブロードバンドを整備するにあたって，もっとも厳しい障害は，島内の通信ネットワークと本土のインターネット・バックボーンをどのように接続するかという点にある。そのための代表的な通信手段は海底光ケーブルであるが，建設費用と維持費用の両面で非常に高コストであり，それをどう負担するかが深刻な課題となる（光海底ケーブル執筆委員会, 2010）。

　こうした条件にもかかわらず，最近では，政府の積極的な補助制度やIRU方式などの新しい整備手法の導入によって，離島においてもブロードバンドがほぼ普及した段階を迎えている（田畑, 2011）。もちろんその途中では，離島の特性からくる困難さを乗り越えるためのさまざまな解決策が試みられた。以下，本節では，全国の離島から5カ所の事例を取り上げ，離島におけるブロードバンド整備の地理的な問題点とその解決策を検討してみよう（荒井ほか, 2014）。

1) 離島におけるブロードバンド整備事例

　事例Ⅰ：小笠原　　小笠原諸島は本州沿岸から約1,000kmと，有人島としては日本でもっとも本土から隔絶した離島である。行政的には全域が小笠原村に属するが，一般住民は父島（人口1,880, 世帯数998）（2010年国勢調査，以下同じ）と母島（人口491, 世帯数279）に居住しているのみである。小笠原―本州間の海底光ケーブル回線は2010年～2011年に実施された総務省地域イントラネット基盤施設整備事業（総事業費約96億円）によって整備された。島内ネットワークとしては，2002年から2006年にかけて，国土交通省小笠原諸島振興開発事業補助によって各戸に光ケーブルが敷設されFTTH網が完成している。2012年7月現在でインターネット契約者数941（一般世帯の加入率58.8％），ケーブルテレビ契約者数1,203（同77.5％）である。

事例Ⅱ：大東島　　大東島は沖縄本島から約360kmの太平洋上に位置し，南大東島（南大東村：人口1,442，世帯数713）と北大東島（北大東村：人口665，世帯数378）に分かれている。大東島—沖縄本土間の海底光ケーブル回線は2009年～2011年に，内閣府「沖縄振興特別事業費」を用いて，沖縄県とNTT西日本の共同事業として整備された（総事業費約43億円）。2010年3月時点での世帯契約率は南大東島25.1％，北大東島34.5％である。

事例Ⅲ：渡嘉敷島　　渡嘉敷島は沖縄本島の西方約30kmに位置し，人口760，世帯数429の島である。約5.5km離れた座間味島にはNTT西日本の電話交換局があり，沖縄本島とは海底光ケーブル回線で結ばれているが，渡嘉敷島の住民向けのインターネット接続には，ダイアルアップかISDNに頼るほかなかった。こうした条件への対応策として，沖縄県による沖縄県離島地区ブロードバンド環境整備促進事業の一環として，2006年に高速固定無線接続によるブロードバンド網の整備（総事業費約1億8千万円）が実施された。このネットワークは，Wi-Max方式によって，座間味島—渡嘉敷島間を無線接続し，さらに，渡嘉敷島内の各戸もWi-Max方式で接続するというものである（図2-3）。2010年9月末の契約者数は157，世帯加入率は38.9％である。

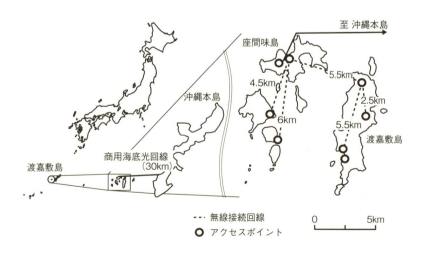

図2-3　渡嘉敷島における無線接続回線（渡嘉敷村および沖縄県資料により作成）

事例Ⅳ：大崎上島　　大崎上島は瀬戸内海に位置する広島県の島である（人口8,448，世帯数3,880）。広島側の本土とは幅約3kmの海峡をはさんでいる。ブロードバンドは，2002年度に総務省地域情報基盤モデル事業として整備が着手され（2003年度から加入者系光ファイバ網設備整備事業に名称変更），2005年度に完成した（総事業費約16億円）。住民向け島内ネットワークは全島がFTTH方式で整備された。2010年8月時点で契約者数1,064，世帯加入率24.1％である。ネットワークの運営主体はIRU契約に基づいて，中国電力の通信子会社である（株）エネルギア・コミュニケーションズが担当している。同社が同ネットワークの運営を引き受けることができた理由は，大崎上島―本土間の接続に，大崎上島―本土間の送電線と一緒に架設された電力網制御用の光ケーブル回線を利用することで，低コストでのネットワーク構成が可能であったためである。

事例Ⅴ：十島村　　十島村は，鹿児島県本土南南西方向の東シナ海に広がる吐噶喇列島を領域としている。全村の人口657，世帯数396。村民は7つの有人島に分散しており，最大の中之島でも人口143，世帯数85，最小の諏訪之瀬島に至っては，人口52，世帯数30でしかない。十島村の海域には，NTT西日本の九州―沖縄間幹線となる海底光ケーブルのルートが走っており，中之島，悪石島，宝島の3島に揚陸点がある。十島村のブロードバンドは2008年～2009年に実施された地域イントラネット基盤設備整備事業および2010年度の情報通信基盤施設整備事業（事業費合計約12億円）によってネットワークが整備された。このネットワークを構成するにあたっては，既設の幹線海底光ケーブルが揚陸されている3島には，その回線の一部を専用線として賃借して接続し，残りの島には3島からの固定無線接続とするという方式がとられた（図2-4）。2012年5月末の加入数は242，世帯加入率は66.3％である。

2）各種海上通信技術の特質

　島―本土間，島―島間のネットワーク接続に用いられる基本的な通信技術は，海底光ケーブルと固定無線の2種類であるが，今回の各事例からわかるように，それぞれの技術に適した通信距離は異なる。

48　第Ⅰ部　インターネット整備と地理的情報格差

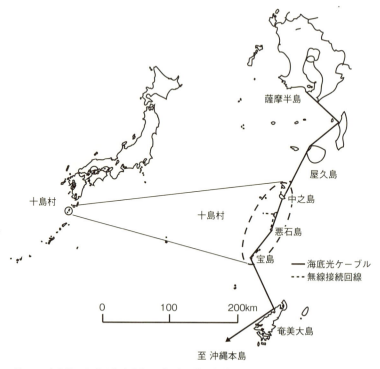

図2-4　十島村における海底光ケーブル専用線と無線接続回線（十島村資料により作成）

　今回対象とした事例の中で，無線接続の最大距離は十島村（悪石島一平島間）の約25kmである。高速無線接続に使用される電波では，通常，送信アンテナから見て水平線の下になる受信アンテナには接続できないから，海上での最大通信距離はおのずと限界があることになる。また，無線接続のサービス対象となる住民人口は，すべて1,000人未満である。無線接続は光ケーブルに比べて容量が小さいので，利用者が多くなると十分なサービス水準を実現できない。これらの事例をみる限り，人口1,000人を超えるような島で，無線接続をブロードバンドの基幹回線に利用するのは難しいと判断される。
　いっぽう，本土から隔絶した位置にあり，長大な渡海通信が必要になるような離島では無線接続を利用するのは困難なので，高コストであっても海底光ケーブル回線が必要になる。表2-2に示すように，今回の事例では，小笠原では約1,000km，大東島でも約420kmの渡海回線が必要となるため，ブロードバン

表 2-2 海底光ケーブル回線の整備事例

	小笠原諸島 [1) 2)]	大東島 [1) 2) 3)]
整備年度	2009-10	2009-11
総人口	2,417	1,771
契約者数（契約率）	824 (58.8%)	228 (27.7%)
ケーブル総延長	1,000km	420km
総事業費（百万円）	9,600	4,300
費用分担　政府	2/3	2/3
都県	1/3	1/3
市	なし	なし

1) 海底光ケーブル回線はインターネット接続サービスと地上デジタルテレビ放送の共用。
2) アナログテレビ放送用衛星回線は海底光ケーブル回線に置換え。
3) 通信事業者（NTT 西日本）は事業費の一部を負担。
（各村役場等内部資料およびヒアリングにより作成）

ド整備のためには海底光ケーブル以外の選択肢はなかった。長大な海底光ケーブル回線の整備費は巨額となるが，そのほぼすべては政府と都県の予算から支出されている。小笠原および沖縄は，歴史的経緯から政府が特別の枠組を設けて地域振興を図っている地域であり，一般的な政策枠組には馴染みにくい事業であっても，政府の予算措置がなされ整備が進められたものと考えられる。

もし，必要な渡海回線の距離が無線接続の限界を超えるにもかかわらず，政府の補助が得られないのなら，ブロードバンドを整備する唯一の方法は，既存の商用通信回線を専用線として利用することである。もちろん，この方法は，適当な商用通信回線が存在することが絶対要件となる。前述のように，十島村と大崎上島がこれに該当する。

3）離島におけるブロードバンドの利用と生活

ブロードバンドおよびインターネットは，離島の困難な生活条件のもとでどのように活用され，離島での生活の質をどのように向上しうるのであろうか。以下，小笠原の全世帯を対象として実施したインターネット利用と生活の質に関するアンケート調査（2013年6月，配布数1,350，回収率29.9%）をふまえて，簡単に述べておきたい。

回答者がもっとも多くあげているインターネットの利用目的は通信販売で，ネット利用世帯の 90.7％に達し，電子メール（85.6％）より高い。全国値を確認するために総務省通信利用動向調査の結果を参照すると，調査方法が異なるために単純な数値の比較はできないが，電子メールの 66.8％に対してネット通販 59.7％という数字があることから（2012 年），小笠原では全国的にみてもネット通販での利用が多いことは明白である。また小笠原では，自営業者が営業用物品の調達にネット通販を利用している例がかなりみられ，自営業者の約 70％がネット調達を行っていると推定される。

では，小笠原島民はネット通販をどのようなかたちで利用しているのであろうか。商品ごとの購入手段をみると，飲料，酒類，生鮮食品，日用雑貨は島内商店での購入が多いのに対し，衣料品，書籍・DVD 等，家電，カメラ・PC は島内店商店での購入はほとんどない。しかし，ネット通販の購入率をみると，最寄品・買回品の差はあまり顕著ではなく，船便による輸送が難しい生鮮食品以外のほとんどの品目で相当のネット通販利用がみられる。

単価が低く，購入頻度の高い最寄品を，本土から 1,000km 以上も離れた離島で購入できるのはなぜだろうか。ネット通販業者として利用されることの多いアマゾン（Amazon）やイオンは全国への商品配送に宅配便の物流網を利用しているが，全国一律の配送料金としており，小笠原のような離島であっても，追加的な料金を必要とするわけではない。所要日数を別とすれば，品揃えや価格の点では，離島のハンディは事実上なく，消費者にとっては，著しく魅力的な買物手段となるのである。

4 政府の地理的デジタル・デバイド解消政策と地方自治体の対応

日本の条件不利地域における地理的デジタル・デバイドの解消過程を主導したのが政府の強力な補助政策であったことはいうまでもない。しかし，そうした政府の政策も自治体の積極的な対応がなければ，実現が困難である。わずか 10 年余の間に急速にブロードバンド整備が進んだ事実は，各自治体が情報ネットワーク環境の確保を地域の維持・振興の重要な要件であると認識していたことの証左であろう。交通条件に決定的な不利がある地域であっても，情報に関

してはその不利をほぼ完全に克服できる可能性がある。ブロードバンド整備は，いかに巨額を要するといっても，道路や港湾整備に比べれば事業規模ははるかに小さい。政府の手厚い支援があれば，ほぼすべての自治体で実現できる政策案件であったのである。

　かくして，日本国内では，地理的デジタル・デバイドはほぼ解消しつつある。ただし，こうした政策に関して課題が残されていないわけではない。当面もっとも深刻なのは，ネットワークの維持・更新の問題である。ここで紹介したように，ネットワーク整備の段階では事業費の多くの部分を政府が補助してくれるが，その後の維持・更新コストは各自治体の負担に帰せられる。地理的条件が不利である自治体であればあるほど，ネットワークは大がかりとなり，維持・更新のコストも上がるのに対して，自治体の規模は小さいから，自治体財政には大きな負担となる。現時点で，こうした問題に対して政府の対応はとられておらず，関係自治体に深刻な不安をもたらしている。最近，政府内でも，ようやくこれが認識され始めているが，条件不利地域における地域の維持・振興という，より大きな枠組の中で解決が図られなければならない問題であろう。

【文　　献】
荒井良雄・長沼佐枝・佐竹泰和（2012）．条件不利地域におけるブロードバンド整備の現状と政策的対応　東京大学人文地理学研究 **20**, 14-38.
荒井良雄・長沼佐枝・佐竹泰和（2014）．離島におけるブロードバンド整備と政策的対応　東京大学人文地理学研究 **21**, 67-84.
総務省（2004a）．新世代地域ケーブルテレビ施設整備事業〈http://warp.ndl.go.jp/info:ndljp/pid/235321/www.ktab.go.jp/policy/shin_catv.htm（最終閲覧日：2011年10月24日）〉
総務省（2004b）．電気通信事業者のネットワーク構築マニュアル〈http://www.soumu.go.jp/main_sosiki/joho_tsusin/policyreports/japanese/misc/NetWork-Manual/index.html（最終閲覧日：2011年10月24日）〉
総務省（2008）．デジタル・ディバイド解消戦略〈http://www.soumu.go.jp/menu_news/s-news/2008/pdf/080624_3_bt2.pdf（最終閲覧日：2011年10月24日）〉
総務省（2009）．地域情報通信基盤整備推進交付金実施マニュアル（改訂版）〈http://www.soumu.go.jp/soutsu/kanto/ai/dl/2-2-00-1.pdf（最終閲覧日：2011年10月24日）〉
田畑暁生（2011）．離島の地域情報化政策　北樹出版
光海底ケーブル執筆委員会（2010）．光海底ケーブル　パレード

Arai, Y. & Naganuma, S. (2010). The geographical digital divide in broadband access and governmental policies in Japan: Three case studies. *NETCOM* **24**, 7-26.

Arai, Y., Naganuma, S. & Satake, Y. (2013). Local government broadband policies for areas with limited Internet access: An analysis based on survey data from Japan. *NETCOM* **26**, 251-274.

第3章
低人口密度地域における
ブロードバンド整備と
事業所のネット利用

　日本ではインターネットへのアクセス手段として光ファイバーが広く普及し，その利用率は世界トップクラスとなった。都市部はもちろんのこと，多くの農山村地域でも光ファイバーが利用可能であり，都市部と変わらない通信環境を享受することができる。近年ではEUが，2010年に発表した「欧州デジタル・アジェンダ」のもと，2020年までにすべての欧州市民が30Mbps以上のブロードバンドを利用可能にすると目標を定めるなど，世界的にも光ファイバーのような超高速インターネット環境が農山村にまで整備されようとしている。

　インターネットは地域の生活や経済活動を支える手段として，必要不可欠なものになりつつあるといえよう。しかし，高額な費用を投じてまで農山村地域に大容量通信を実現する必要があるのかという疑問も呈されている。こうした疑問に対し本章では，北海道東川町を事例に，事業所による光ファイバー利用の実情を明らかにし，農山村地域における光ファイバー網整備の意義について検討する。

1　事業所のインターネット利用

　1998年5月，アメリカ商務省は *The Emerging Digital Economy* と題したレポートを公表した。このレポートは，1990年代に進んだインターネットの商用化を背景に，インターネットが企業活動に及ぼす影響を分析したものである。電子商取引の進展を中心として，購入費用の削減，仕入れ先の管理，物流や在

表 3-1 業種別インターネット利用率（2006 年）

産業分類	インターネット利用率	インターネット接続形態の内訳							
		ブロードバンド			ナローバンド		専用線	その他・不明	計
		光ファイバー	DSL	ケーブルテレビ	ダイヤルアップ	ISDN			
農・林・漁業	77.6%	13.8%	27.9%	7.7%	11.3%	31.0%	2.9%	5.4%	100.0%
鉱業	69.1	11.6	27.5	4.5	12.9	32.7	4.8	6.0	100.0
建設業	95.0	26.3	23.7	5.7	6.6	29.7	2.2	5.8	100.0
製造業	88.0	28.3	27.8	5.5	6.2	18.0	7.7	6.7	100.0
電気・ガス・熱供給・水道業	96.3	26.3	12.1	2.5	4.2	9.1	37.6	8.1	100.0
運輸業	79.5	36.3	19.8	4.6	7.8	15.7	8.3	7.6	100.0
卸売・小売業	86.2	35.1	19.3	2.3	7.7	22.1	5.0	8.4	100.0
金融・保険業	79.8	28.7	20.4	1.0	5.0	11.3	19.2	14.3	100.0
不動産業	90.4	39.8	18.1	3.7	3.7	18.7	6.2	9.7	100.0
サービス業・その他	82.5	40.1	19.8	3.1	7.6	20.0	4.1	5.2	100.0
公務	97.6	34.4	17.6	11.4	2.7	7.9	15.6	10.3	100.0
全体	85.6	34.9	21.1	3.7	7.2	20.8	5.5	6.8	100.0

（総務省（2007）により作成）

庫管理の合理化，生産計画，顧客への対応の効率化等，さまざまな経済活動におけるICTの影響が描かれた（US Department of Commerce, 1998）。

このようにインターネットは，経済活動を支えるツールとして日本でも広く普及した。表3-1は，総務省の「通信利用動向調査（事業所編）」による業種別のネット利用率を示している（総務省, 2007）。業種によって差はあるものの，事業所全体のネット利用率は85.6%と，この時点でネット利用意向はかなり高いことがうかがえる。ただし，ネット利用者の接続形態をみると，ブロードバンド利用の割合が大きいものの，ISDNなどのナローバンド利用者も28%残っている。同調査が行われたのは，条件不利地域へのブロードバンド整備が本格化しはじめた時期であり，こうしたISDN利用者の中には，潜在的にブロードバンドを期待していた事業所もあったのであろうと考えられる[1]。

---

1) 総務省（2007）では，事業所・企業統計調査の調査区をもとに無作為抽出による郵送アンケート調査・集計を行っている。そのため，具体的な事業所の立地場所は不明であるものの，農村地域の事業所も調査対象になっていると考えられる。また，事業所編は2006年を最後に実施されていないため，2007年以降の変化は追跡できない。

条件不利地域へのブロードバンド整備には，国の政策が大きく関わっている。IT 基本法に基づき内閣に設置された IT 戦略本部は，デジタル・デバイドのないインフラを実現するために，光ファイバーを中心としたブロードバンド整備を目標に掲げる IT 新改革戦略を 2006 年に発表した。しかし，現実的には光ファイバーの整備が困難な地域もあるため，総務省は具体的な取組みとして，ブロードバンド技術に応じて整備目標を 2 段階に定め，ADSL などに相当する「高速ブロードバンド」の世帯カバー率を 100%，光ファイバーなど上り 30Mbps 以上に相当する「超高速ブロードバンド」の世帯カバー率を 90% 以上とした。さらに総務省は，条件不利地域でブロードバンド整備を進める枠組として，「デジタル・ディバイド解消戦略」を発表し，補助金を用いた自治体によるブロードバンド整備を促進した。

それでは，ブロードバンド整備政策は，事業所のネット利用方法にどのように影響を及ぼしたのだろうか。インターネットは，事業所間の調整に要する距離的なコストを削減できるメリットから，地理的に隔絶性の高い地域ほど利用価値が高い。そのため，電子メールやブラウジングのように，高度な技術や知識を要しない基礎的なネット利用は，都市部だけでなく農村地域にも普及している（Forman et al., 2005）。ブロードバンドは，基礎的なネット利用においては必ずしも必要でなく，電子商取引のように，画像や動画などのサービスを用途に応じて組み合わせた応用的なネット利用の際に必要となる。都市部では，ブロードバンドの整備と応用的なネット利用の普及が同時期に進んだため，両者の関係を把握することは難しいが，農村などブロードバンド整備条件の厳しい地域では，その整備時期と応用的なネット利用の価値が認識されだした時期に差があり，ネット利用に対するブロードバンド整備の影響をより明瞭に検討できると考えられる。

そこで次節以降では，実際のネット利用を基礎的と応用的に分けたうえで，ブロードバンド整備と事業所のネット利用の関係を明らかにする。その際，業種によって利用実態が異なると考えられるため，比較のために木工業と宿泊業の 2 業種を取り上げる。研究対象とする地域は，北海道東川町とする。なお，東川町は，北海道総合通信局によるデジタル・デバイド解消を目的とした実証実験の対象地域となるなど，その地理的条件からブロードバンドの整備が課題

となった典型的な自治体であり，ここでの事例として取り上げるのにふさわしいと考えられる。

2 北海道東川町のブロードバンド整備事業

1）北海道東川町の概要

北海道東川町は，その西側で旭川市に接し，東側に大雪山国立公園を擁する人口7,859（2010年国勢調査）の自治体である。面積は247km^2（東西36.1km，南北8.2km）であり，およそ2/3が山間部，残りの1/3が平野部となる。

2010年国勢調査によれば，町内人口の99％（7,772人）が平野部に居住しており，山間部に居住しているのは100人に満たない。さらに平野部は，人口密度の高低から2つの地区に区分できる。1つは，町内人口の約70％が集まる北海道道1160号沿いの地区（以下，中心地区）であり，もう1つは農地利用が主で人口密度の低い地区（以下，周辺地区）である。このうち周辺地区には，新栄団地や優良田園住宅という名称の住宅地や木工業者，写真家，陶芸家などが活動拠点を置く「クラフト街道」と名づけられた通りが存在する（図3-1）。

東川町では，稲作を中心とした農業が盛んであるが，そのほかの主要産業として木工業がある。2010年工業統計によると，東川町の製造業事業所数は39であり，そのうち27が木工業者である[2]。木工業関連の出荷額は，木材・木製品製造業が約25億円，家具・装備品製造業が約44億円であり，東川町の製造業出荷額の約70％を占めている。これらの木工業者は，隣接自治体である旭川市や東神楽町とともに，後述する旭川家具産地を形成している。

また，東川町では北海道最高峰の旭岳と周囲の温泉を資源とした観光業も盛んである。2010年における東川町全体の観光入込客数は約96万人であり，そのうち宿泊客数は約15万人である（上川総合振興局資料による）。山間部には，旭岳温泉と天人峡温泉という2つの温泉地区があり，両温泉地区には計12の宿泊業者が立地している。旭岳温泉地区は旭岳登山口に，天人峡温泉地区は忠

---

2) 本章では，産業中分類のうち木材・木製品製造業と家具・装備品製造業に該当する事業所を木工業者として扱う。

第3章　低人口密度地域におけるブロードバンド整備と事業所のネット利用　　57

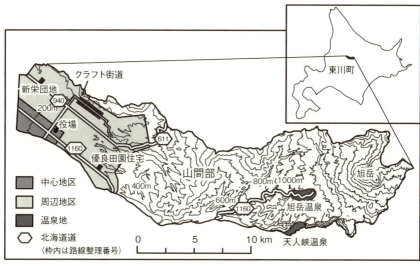

図 3-1　東川町の概況

別川沿いの渓谷に位置し，観光入込み客数は両者ともに夏場から紅葉シーズンにかけて多い。また旭岳温泉地区には，夏季には旭岳等への登山者，冬季には旭岳スキー場の利用客も訪れている。

2）ブロードバンド整備の経緯

東川町におけるブロードバンド整備の経緯を表 3-2 に，整備地域を図 3-2 に示す。東川町では，2000 年代前半に ADSL が整備されるまで，ネット接続はダイヤルアップや ISDN に限られていた。しかし，ADSL が利用できる地域は，収容局からの距離の制約から役場を含む中心地区と一部の周辺地区に限られており，そこから離れた残りの周辺地区や山間部では利用できない状況であった[3]。

2008 年になって，総務省北海道総合通信局による条件不利地域での無線ブロードバンド実証実験の一環として，ADSL にアクセスできない周辺地区と山間部において FWA（Fixed Wireless Access：固定無線接続）の設備が設置され，

---

[3] 東川町役場でのヒアリングによる。以下，ヒアリング内容をもとにブロードバンド整備の流れを概観する。

通信サービスが実験的に運用された。実験後には周辺地区の通信設備は撤去されたが，山間部での利用は継続された。山間部では，FWAの整備まではISDNを利用していたが，温泉地区の宿泊業者によるブロードバンドの要望は強かった。そのため実証実験の設備は，2011年の光ファイバー網整備まで維持されることとなった。

山間部でFWAが利用可能になる一方で，中心地区では，2008年11月にNTT東日本によって光ファイバーの提供が始まった。ただし，光ファイバーは，東川町内で採算が見込まれる中心地区と周辺地区の新栄団地や優良田園住宅一帯にのみ導入された。整備対象外となった周辺地区では，光ファイバーが

表3-2　東川町におけるブロードバンド整備過程

利用可能となった年月	回線の種類	整備地域
2002年12月以前	ADSL	中心地区にあるNTT収容局を中心とした一定（半径5kmほど）の地区
2008年2月	FWA	山間部とADSLが利用できない周辺地区
2008年11月	光ファイバー	中心地区と周辺地区の一部住宅地
2011年2月	光ファイバー	2008年に整備されなかったすべての地区（山間部含む）

（東川町役場でのヒアリングにより作成）

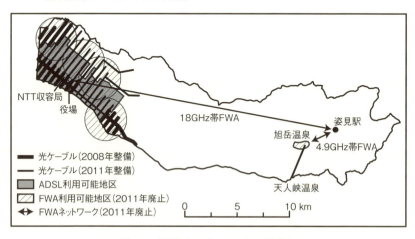

図3-2　東川町内のブロードバンド整備地区
（光ケーブルは幹線部分のみを掲載している。東川町資料およびヒアリング調査により作成）

利用できず，加えて，中心地区から離れた場所では ADSL や FWA も利用できないことから他地区と比べて通信速度に大きな格差が生じた。

このように，周辺地区にも上述のようにブロードバンドを利用できない地区が残っている一方，山間部では，地上デジタルテレビ放送の難視聴問題も抱えていた。以上の問題に対して東川町は，2010年に中心地区を除く町内全域への光ファイバー網整備を目的とした，地域情報通信基盤整備事業を始めた。事業総額は約2億7千万円であり，このうち，地域情報通信基盤整備推進交付金と公共投資臨時交付金を合わせた国庫補助金が約2億5千万円を占める。また，補助金に加えて起債（地域活性化事業債）も用いているため，町が負担した自己財源は7万3千円のみであった。東川町は，整備した光ケーブルを旭川ケーブルテレビ株式会社との卸電気通信役務契約[4]により貸し出し，ネット接続やテレビ視聴サービスの提供を委託した。その結果，2011年2月から町内全域で光ファイバーが利用可能となった。

このようにして整備された光ファイバーは，東川町の事業所においてどのように利用されているのであろうか。以下，東川町の主要産業である木工業と宿泊業において，ネット利用実態と光ファイバー網整備の関係を検討する。

3 木工業者のブロードバンド利用

1) 旭川家具の特徴

東川町の木工業は，家具製造業が主力であり，旭川家具産地の一部をなしている。旭川家具は，旭川市と東川町，東神楽町などに立地するメーカーが生産する家具を総称するブランド名であり，全国有数の家具産地の一つに数えられる。

旭川家具の生産は，それぞれの事業所での一貫生産体制が主流である。おもな生産品目は，もともとはタンスなどの「箱もの家具」であったが，1990年代以降の住宅事情の変化に対応して，デザインを重視した「脚もの家具」中心へ

---

[4] 東川町は，伝送路の一部に北海道開発局の河川管理用光ケーブルを利用しているため，当該光ケーブルを含めた IRU 契約を結ぶことができない。そのため，自らが電気通信事業者となり，旭川ケーブルテレビ株式会社に卸電気通信役務を提供している。

と転換している（粂野，2010）。

　各メーカーに対するヒアリングによれば，家具の製作から販売までの流れは，概略次のとおりである。まず，家具の素材となる材木や金具の調達は，旭川市などの地元業者から直接調達される。ヒアリングの対象としたメーカーでは，家具のデザインや組み立て，塗装などを一貫して行っており，製作段階でデザイナーや塗装業者などとの取引はみられなかったが，受注から納品までの間には，製作者と発注者の間で家具の製作状況に関する情報交換が行われている。

　販売段階では，家具展を通じて知り合った小売業者や卸売業者との取引，工房のギャラリーにおける取引，過去に取引があった顧客からのあらたな受注，各社サイトを通じた受注などさまざまな取引がみられる。ただし，受注生産の家具では製作サイドから販売サイドへの一方向の流れではなく，販売サイドから製作サイドへの指示・要求などによる情報の流れも生じる。

　東川町の家具メーカーは，家族経営を中心とした小規模事業所の割合が大きく，その割合は1990年代以降さらに増大してきている。事業所・企業統計調査によれば，2006年には全事業所30のうち15が小規模事業所となっている。これらの小規模事業所は，中心地区だけでなく，クラフト街道など周辺地区にも立地しているため，ブロードバンドが利用できるようになった時期は事業所によって異なる。

　次項では，ブロードバンド整備時期の違いを考慮して選定した周辺地区の4事業所を対象に，取引過程におけるネット利用を整理する。A工房とB工房は，ADSLが利用可能な地区に位置する事業所，C工房とD工房は，NTT収容局から遠く光ファイバー網整備までブロードバンドが利用できなかった地区に位置する事業所である。なお，従業員数16のB工房を除く3事業所は，家族経営の小規模事業所である。

2）取引過程におけるインターネット利用

　表3-3は，取引過程別に各工房のネット利用状況をまとめたものである。材料調達の段階では，インターネットを積極的に利用している工房は存在しなかった。経営者は，材木購入のために旭川市や東川町の材木業者に直接出向いており，電話など他の通信媒体の利用もほとんどみられない。デザイン家具を製

第3章　低人口密度地域におけるブロードバンド整備と事業所のネット利用　　61

表 3-3　木工業者によるインターネット利用状況（2011 年）

事業所名		A 工房	B 工房	C 工房	D 工房
インターネット回線の契約状況	2011 年 1 月[1]	ADSL	ADSL	ISDN	ISDN, 3G[2]
	2011 年 9 月	ADSL	ADSL	光ファイバー	光ファイバー
ウェブサイトの利用状況		電子カタログ	電子カタログ	ネットショップ	ネットショップ
取引過程のインターネット利用	材料の調達	利用なし	利用なし	利用なし	利用なし
	製品の販売	利用あり	利用あり	利用あり	利用あり
	具体的な利用方法	図面や写真データを電子メールで送付。	電子メールを使う相手に対して利用する。それ以外は FAX 利用が主。	ネットショップでの受注後に電子メールでやりとり。	急ぎでない用件に対して電子メールを利用。急ぎや重要な要件には電話。

1) 早期に光ファイバー整備が行われた C 工房のみ 2008 年 10 月時点。
2) 3G（3rd Generation）は無線によるデータ通信。D 工房では，ISDN では送信の難しい容量の大きなデータ送信に対して 3G を利用していた。
（各事業者からのヒアリング調査により作成）

作するということから，材木の調達で重要となるのは材木の木目や質感であり，製作者自身の目や手で確認する必要があるという。

　販売段階については，家具の PR と受注の機会として重要な「旭川家具展」を取り上げ，それをきっかけとした受注から納品までの過程におけるネット利用実態をみてみよう。旭川家具展は，旭川市内や東川町内のメーカーが製作した家具を展示し，北海道内外の卸売業者や小売業者に家具をアピールするためのイベントであり，メーカーにとっては貴重な受注機会にもなっている。旭川家具展では，メーカーと家具の卸売あるいは小売業者の対面接触によって交渉が進められるため，この段階ではインターネットを含めたいずれの通信手段も用いられていない。しかし，小売業者などの取引先は全国各地に存在することから，旭川家具展の開催後に対面接触による交渉を行うのは困難である。そのため，この段階では電話や FAX，電子メールなどが用いられる。

　たとえば D 工房は，時間的余裕に応じて，電話と電子メールを使い分けるという。急ぎの用件であれば電話を利用し，逆にそれほど急ぎでない内容であれば電子メールを利用している。A 工房は，事務文書を FAX で，図面や写真を電子メールで送信するというように，伝送データの内容によって通信手段を使い分けている。また，B 工房は，取引履歴を電子的に保管できることから，連

絡手段として電子メールの利用を望むものの,PCを利用できない高齢の小売業者などとはFAXを利用した交渉を行っている。このように,各工房による通信手段の使い分けは,交渉相手のITリテラシーのレベルにも影響を受ける。

以上のようにインターネットは,電子メールを中心にFAXや電話の代替手段として利用されているが,事業者自身にネット利用意志があっても,取引相手にその意向(技術)がないことが取引過程におけるネット利用の課題となっている。

3) 写真の活用とブロードバンド

木工業で特徴的なのは,木目や色など図面や文字に表しにくい情報を伝える場合に,写真が用いられることである。旭川家具はデザイン志向型ということから,デザインについての情報を家具メーカーとクライアントの両者で共有することが望ましい。写真を電子メールに添付して送信すれば,デザイン情報の伝達が容易になる。写真の伝送は,技術的には電子メールの延長であるが,デジタルカメラの普及に伴って実現した応用的なネット利用例とみることもできよう。

また,自社サイトを開設し,そのサイト上に写真を掲載することで旭川家具展を通じた取引とは別に,あらたな取引や情報伝達手段を得た例もある。たとえば,C工房とD工房では通信販売のページを,A工房とB工房は電子カタログを掲載している。このうちA工房は,自社サイトに家具の写真を載せ,オンラインカタログとして公開している。以前は,紙媒体でカタログを作成し,旭川家具展などで配布していたが,サイト上でのカタログ公開に切り替えたことでカタログの更新が容易となり,また,取引相手には自社サイトのURLを伝えるだけで最新の情報を伝えることが可能となった。一方,D工房では,自社サイトを通じて東京の顧客から新規に受注を得るなど,自社サイトの開設と写真の活用は,新規顧客を獲得する手段にもなっている。

しかし,ここで取り上げた木工業者は,東川町による光ファイバー網整備以前からこれらのサービスを取引に活用していた。ではブロードバンドは,ネット利用にどのような影響を及ぼしたのであろうか。電子メールによる写真伝送について,ADSLを利用しているA工房の例から必要な通信速度を検討

してみよう。A工房では、伝送に用いる写真のデータ容量を、トリミングなどによって600KB程度に抑えている。上り速度を理論値1Mbpsの1/8である125kbpsとすると[5]、おおよその伝送時間は5秒ほどと想定されるが、写真は頻繁に送信するものではないことから、A工房はこの通信速度を問題視していない。すなわち、図面や写真のような画像データの伝送でも、ADSLの速度があれば十分である。しかし、写真をトリミングして容量を軽くしなければならない状況であることも事実であり、高解像度の写真を用いる際には、光ファイバーなどの大容量回線が有効になると予想できる。

このように、対象事業所がブロードバンドを利用している背景には、従来の文字ベースのネット利用だけでなく、写真を中心とした画像伝送が増加したことがあろう。しかし、実際の利用において必要な伝送量は限られるため、光ファイバーのような超高速回線を必ずしも必要と考えていないのが実情である。

4 宿泊業者のブロードバンド利用

1) インターネット利用状況

山間部の宿泊業者によるインターネットの利用状況は表3-4のようにまとめられる。自社サイトを開設しているのは12業者のうち客室数が18以上の9業者であり、自社サイトを開設していない残りの3業者は、客室数が10未満の比較的小規模な事業者であった。自社サイトを開設している事業者はすべてオンライン予約のサービスも提供している。予約システムは、ウェブサイト上で行う形式がほとんどであるが、一部では電子メールによる予約受け付けもみられる。また、各サイトとも、客室の様子、料金、所在地などの情報を文字と画像で提供している。

このように、客室数の比較的多い事業者では、自社サイトを通じた宿泊情報の発信とオンライン予約サービスの提供がみられるが、宿泊者へのネット接続サービスの提供は5業者に限られている。この5業者のうち2業者は館内備え

---

[5] A工房は、収容局から離れた立地であるために、その通信速度はADSL理論値の1/8程度であり、上り下り共に1Mbpsも出ないことがあるという。

表3-4 宿泊業者によるインターネット利用状況（2012年）

業者番号	地区	客室数	ウェブサイト所有 自社	ウェブサイト所有 他社	インターネット利用サービス オンライン予約	インターネット利用サービス 宿泊者向けネット接続
1	旭岳温泉	107	○	○	○	○（館内PCから接続）
2	天人峡温泉	99	○	○	○	○（ロビーで無線LAN）
3	旭岳温泉	85	○	○	○	×
4	旭岳温泉	51	○	○	○	×
5	天人峡温泉	36	○	○	○	×
6	旭岳温泉	29	○	○	○	○（ロビーで無線LAN）
7	旭岳温泉	26	○	○	○	○（館内PCから接続）
8	天人峡温泉	20	○	○	○	×
9	旭岳温泉	18	○	○	メール形式	○（ロビーで無線LAN）
10	旭岳温泉	6	×	×	×	不明
11	旭岳温泉	5	×	×	×	不明
12	旭岳温泉	3	×	×	×	不明

1) ウェブサイト所有のうち，自社は宿泊業者独自のウェブサイトを指す．他社は「じゃらんnet」に掲載されているものを指す．
2) ウェブサイトを所有している場合は○，所有していない場合は×で示している．また，オンライン予約と宿泊者向けネット接続について，提供している場合は○，提供していない場合は×で示している．
（各宿泊業者のウェブサイトおよび電話調査により作成）

つけのPCからのみの接続，残りの3業者はロビーのみで無線LANを利用できるだけであり，宿泊者が各客室からインターネットを利用できる環境は用意されていない．

　以上は，光ファイバー網整備後のネット利用状況であり，それ以前のネット利用状況は不明である．そこで，業者6を例に，ブロードバンド整備過程に応じたインターネット利用状況を確認する．なお業者6は，地上デジタル放送難視聴問題がもちあがる以前から旭岳温泉への光ファイバー網整備を主張しており，光ファイバーを求める宿泊業者のリーダー的存在であった[6]．

　業者6のネット利用は，自社サイトへの掲載情報の更新とオンライン予約の処理が中心である．これらはISDNを利用していた時期から行われていたが，

---

6) 業者6からのヒアリング調査による．業者6のウェブサイト担当者は，2007年に東京から東川町に移り住んだが，山間部でブロードバンドが利用できないことを問題視し，山間部への光ファイバー網整備を主張してきた．

その後，FWA，光ファイバーへと回線を変更してきた結果，通信速度が向上し，オンライン予約の処理などの日常業務を以前より迅速に行えるようになった。しかし，通信速度が向上して一部の業務時間が短縮されても，その時間を他の業務にあてるまでの変化はみられない。オンライン予約の処理やウェブサイトの更新は，そう頻繁に行う作業ではないため，時間は多少かかっても ISDN でも問題なくこなせる作業であった。

ブロードバンド整備を契機として開始したインターネットの利用方法は，宿泊者に対するネット接続サービスの提供である。業者6は，宿泊者のこうした需要に応えるかたちで，2011年の光ファイバー網整備後に館内無線 LAN（Wi-Fi 環境）を整備し，宿泊客へのネット接続環境を用意した。光ファイバー網整備以前の FWA 利用時にはこうしたサービスは提供されておらず，宿泊者は，ロビーに設置された PC1 台でのみインターネットが利用可能であった。このように，通信インフラが FWA から光ファイバーに変化したのに伴って，ネット利用の幅が広がった。こうした動きは，業者9でも同様である。業者9は，ユースホステルの業態をとっているため，宿泊客に占める訪日外国人の割合が大きく，彼らの要望に応えるために，当該地区においてもっとも早い時期から宿泊客向けにネット接続環境を提供している。光ファイバー網整備以前は，業者6と同様に特定の PC からのみの接続に限られたが，整備後には Wi-Fi 環境を用意している。

2）宿泊者へのサービス提供

このような宿泊業者によるインターネットの利用に対して，光ファイバーの整備はどのような影響を与えたのであろうか。

まず，業者6の例でもみられたように，ブロードバンドは，自社サイトの情報更新作業時間の短縮に寄与した。自社サイトを所有する業者のほとんどが，館内の写真や宿までのアクセス情報を載せた地図を公開している。これらの情報は，データ容量が大きいためにブロードバンド環境が望まれる。ただし，ブロードバンドの必要性は自社サイトの更新頻度にも関係し，業者6の例のように，インターネットを利用する作業の頻度や所要時間がわずかな場合，その必要性は低くなる。したがって，自社サイトの情報更新やオンライン予約の処理

においては，FWAでも通信速度に大きな不足はなかったと予想される。このようなネット利用では，木工業の事例と同様に，ブロードバンドが必要になるとしても，光ファイバーが必須とはならない。

一方，宿泊者に対するサービスの提供では，FWAではなく光ファイバーが必要である。そのもっとも大きな理由は，地上デジタルテレビ放送難視聴問題の解決である。山間部では地上デジタルテレビ放送を直接受信できないため，アナログ放送からデジタル放送への移行にあたってケーブルテレビを整備する必要があった。テレビ映像の伝送に用いる通信回線は，大容量通信が可能な光ファイバーが合理的であり，それは同時にネット接続用の高速回線としても利用できる。

こうした問題に対する光ファイバー網整備に付随するかたちで実現したのが，宿泊者向けのネット接続サービスである。前項で示したように，ネット接続環境を提供した時期が光ファイバー網整備後だったのは，FWAには不特定多数の宿泊者によるネット利用を支えるほどの回線容量がないことがその理由であった。実証実験の際に整備されたFWAの通信速度（理論値）は，両温泉地区全体で最大156Mbpsであるが[7]，実際にはそれぞれの事業者が利用できる通信速度はさらに小さくなる。無線通信は風雪の影響などで安定性に欠けることもあり，この環境下で各業者が宿泊者向けにネット接続サービスを提供することは困難であった。光ファイバー網の整備は，大容量通信が必要となる宿泊者サービスの提供を実現したのである。

5 光ファイバー網整備の意義と可能性

本章では，北海道東川町において木工業と宿泊業を対象に，事業所活動に対するインターネットの役割に着目して光ファイバー網整備の影響を検討した。2つの業種に共通するのは，限定的ながら光ファイバー網整備以前からインタ

---

[7] 東川町役場—旭岳ロープウェイ姿見駅間を結ぶFWAの速度である。さらに，姿見駅を中継局として麓の「旭岳ビジターセンター」へ結び，ここを中心に周囲の宿泊業者に無線アクセス環境を提供している（北海道総合通信局, 2008）。

ーネットを活用している点である。この理由は、デジタル写真の伝送や宿泊者のネット接続のような応用的なネット利用方法が、当該地区のブロードバンド整備時期よりも早く普及したためと考えられる。したがって、これまで当該地区が抱えていた通信量のボトルネックを解消し、都市部と変わらないサービスを活用可能としたことに、光ファイバー網整備の意義を見出すことができる。

本事例でも明らかなように、ネット利用は、ブロードバンド整備の如何にかかわらず普及する傾向にあり、ブロードバンドの整備が遅い地域であるほど、ネット利用の恩恵を認識する時期と整備時期の乖離が大きくなる。日本は、世界的にみて早期に条件不利地域へのブロードバンド整備を進めた国であるが、逆にいえば、そこまでブロードバンド整備が進んでいない先進諸国では、いまだに応用的なネット利用をしたくても十分に利用できない事業所が多数存在すると考えられる。そうした意味で、日本政府が進めたブロードバンド整備政策は、条件不利地域においても、ICTの高度利用によって企業活動を活性化しうるという可能性を示した先進的事例といえるであろう。

さらに、日本のブロードバンド整備政策は、その中心が光ファイバーであるという特徴をもつ。前述のように、政府の政策では、光ファイバーをブロードバンド整備の主軸としながらも、ADSLやFWAなどの「高速」ブロードバンドと光ファイバーを主体とする「超高速」ブロードバンドの両面で整備が進められた。しかし、東川町における事業所のネット利用は、現時点では低容量の「高速」ブロードバンドに対応したものであり、光ファイバーを必要とするものは一部に限られた。それでは、国や自治体による光ファイバー網整備は、地域にとって「過剰」な投資だったのだろうか。光ファイバー網を整備したことで、将来的に大容量を必要とする利用方法が開発・提供されても、それに対応できると考えれば、必ずしも「過剰」とはいいきれないであろう。大容量通信が可能な光ファイバーであれば、将来、利用需要が大幅に拡大した場合にもそれに応えることができるからである。

光ファイバーのもつ潜在力を生かすには、あらたな利用方法を利用者自身が生み出す、あるいは生み出された利用方法を取り込もうとする努力が重要となる。これは光ファイバー網を整備しただけで解決できるものではない。光ファイバー網が全国的に整備され、多くの条件不利地域で光ファイバーが利用可能

となった現在では，ブロードバンド，とくに光ファイバーを使いこなすアイデアや能力の有無・高低が，当該地域の経済や産業，行政などにおける優位性を決定するのではなかろうか。

【文　献】

粂野博行［編著］(2010)．産地の変貌と人的ネットワーク—旭川家具産地の挑戦　御茶の水書房

総務省 (2007)．平成 18 年通信利用動向調査（事業所編）〈http://www.soumu.go.jp/johotsusintokei/statistics/statistics05b3.html（最終閲覧日：2014 年 4 月 28 日）〉

北海道総合通信局 (2008)．条件不利地域における広域無線 LAN を活用した安心・安全な街作りに関する調査検討報告書（概要版）〈http://www.soumu.go.jp/soutsu/hokkaido/2008/img/0422c.pdf（最終閲覧日：2014 年 4 月 28 日）〉

Forman, C., Goldfarb, A. & Greenstein, S. (2005). How did location affect adoption of the commercial Internet? Global village vs. urban leadership. *Journal of Urban Economics* **58**, 389-420.

US Department of Commerce (1998). *The Emerging Digital Economy.* 〈http://govinfo.library.unt.edu/ecommerce/EDEreprt.pdf（最終閲覧日：2014 年 4 月 23 日）〉（米国商務省／室田泰弘［訳］(1999)．ディジタル・エコノミー　東洋経済新報社）

第Ⅱ部
インターネットを利用した地域・産業の構築

第4章
インターネットによる
地方自治体の情報発信

　今日，日本国内のいろいろな地域についての基本的情報を集めようとするならば，もっともてっとり早い方法は，その地域を管轄する地方自治体＝都道府県や市町村の公式サイトを閲覧することであろう。かつては，現地まで足を運んで市町村要覧や統計書を入手しなければ得られなかった地域情報も，今や，居ながらにして，24時間いつでも即座に入手できる。もちろん，このような状況が作り出されたのはそう古いことではない。自治体の公式サイトによる情報発信は，インターネットの商用サービスが利用できるようになってすぐに始まり，2000年代なかばには，ほとんどの自治体が公式サイトを開設するようになった。本章では，市町村の公式サイトを取り上げ，それが普及をほぼ終えた時期となる2006年に実施した市町村アンケートの結果を分析することによって，市町村によるインターネットを用いた情報発信の特徴を検討してみたい。

1　インターネットと「電子自治体」

　地方自治体が通信ネットワークを活用して市民向けの情報サービスを行う試みは，インターネットが普及する以前の1980年代末から各地でみられた。米国サンタモニカ市のPEN (Public Electronic Network) やクリーブランド市のFreenetはその典型であり，とくに，電子会議室の技術を利用した新しいかたちの行政への市民参加の可能性が注目を集めた（Graham & Marvin, 1996）。こうした情報システムは，最初は当該地域内で閉じたネットワークとして運営さ

れたが，インターネット技術が実用化されると，インターネットに接続してどこからでもアクセスできるようにすることが一般化した。さらに，1990年代後半にインターネットが一般市民に普及するのに伴って，それを市内外への情報提供やオンラインの市民向け行政サービスに活用しようとする自治体が急増した。

日本では，政府が2001年に「高度情報通信ネットワーク社会形成基本法（IT基本法）」を制定し，「e-Japan戦略」を公表した頃から，ICT技術を利用して自治体のさまざまな業務の効率化・高度化を図ろうとする「電子自治体」の実現が目指されるようになった（情報化推進国民会議事務局, 2003）。自治体によるインターネットを利用した情報発信は，この「電子自治体」の一部として位置づけることも可能ではあるが（市町村アカデミー, 2006），後述するように，実際には，自治体ウェブサイトは，「電子自治体」の概念が提唱されるより早く普及が始まっており，その普及過程については，2000年代中頃に議論が盛んであった「電子自治体」論（榎並, 2002）とは切り離して考えるべきであろう。実際，これらの「電子自治体」論の多くは，行政業務の情報化の可能性を技術的・制度的な面から論じたものが多く，自治体によるインターネットでの情報発信がどのような経過をたどって普及したのかという点はほとんど検討されていない。

2 自治体サイトの普及過程

筆者らは，自治体によるインターネットを利用した情報発信の特徴を検討するために，全国の大都市圏，中間地域，縁辺地域から，それぞれいくつかの地域を選び，市町村を対象とするアンケート調査を実施した（Arai, 2007）。調査は2006年2月に，原則として電子メールを用いて（一部郵送），北海道道東地域，東京都（都区部および島嶼部を除く），石川県，長野県，大阪府（政令指定市を除く），山口県，大分県の計271市町村に調査票を送付して，144市町村から回答を得，回収率は53.1%であった（図4-1）。以下本章では，これらの調査で有効回答が得られた144市町村のデータを分析する。

72　第Ⅱ部　インターネットを利用した地域・産業の構築

図4-1　市町村アンケートの対象地域

1）自治体サイトの開設時期

　総務省の情報通信白書によれば，1995年時点での開設率は2.1％であるが，2002年の段階で，独自のサイトを開設している日本の市町村は全体の95.6％に達しており（総務省，1999；2004），2000年代なかばには，ほぼすべての市町村がサイトを開設しているものとみられる。今回のアンケート調査で回答が得られた市町村のうち，もっとも早くサイトが開設されたのは1994年である。これは日本でインターネットの商用サービスが開始された翌年であり，インターネット普及の初期から市町村による情報発信が試みられていたことになる。実際，最初期の政府ウェブサイトとして知られるホワイトハウス・サイトの開設が2003年，米国のいくつかの市でサイト開設されだしたのが，2003年から2004年にかけてであるから（情報化推進国民会議事務局，2003），日本の自治体サイトのスタートは米国と遜色ない程度に早く普及したということができる。

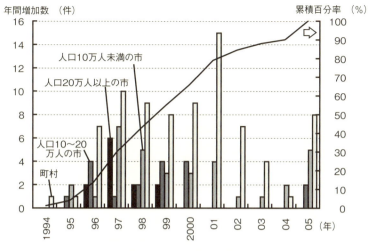

図4-2 市町村公式サイトの増加数（1994-2005年）
（市町村アンケート調査により作成）

　日本の自治体ではその後，順調に開設数が増え，2001年には開設市町村の割合は8割近くに達し，ほとんどの市町村が自身のサイトをもつにいたった（図4-2）。日本におけるインターネット利用の人口普及率は1997年時点でも9.2%にすぎないから，自治体が自身のサイトを開設して情報発信を始めたのは，日本の社会にインターネットが普及する非常に早い時期からであったことになる。

2) サイトの開設目的

　自治体がサイトを開設する目的には，行政サービスやイベントなどの情報を周知するという地元住民向けと観光情報や企業誘致のための情報を提供する外部向けとがある。初期の自治体サイトでは外部向けの情報提供を意図したものが多かったが，開設時期が遅い自治体ほど地元住民向けの目的が中心となっていく傾向がみられる。たとえば，観光情報提供を目的にあげる市町村の割合は，1994年～1996年に開設されたサイトでは68.4%であったものが，その後に開設されたサイトでは次第に割合が小さくなり，2003年～2005年開設のものでは56.2%にまで低下している。企業誘致に向けた広報も同様の低下傾向を示す（図4-3）。

　こうした傾向がみられる理由は次のように考えられる。1990年代なかば頃

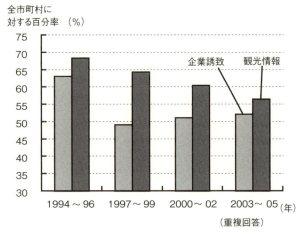

図4-3 公式サイトの中心的目的（1994-2005年）
（市町村アンケート調査により作成）

には，まだ，地元住民の間でインターネットの利用が一般化しておらず，インターネットは住民に行政サービス関係の情報を流す手段として有効ではなかった。しかし，遠隔地に関する情報を収集する必要がある観光客や潜在的進出企業はさまざまな手段から情報を得ようとするであろうから，インターネットも利用している可能性が高い。著名な観光地ではなかったり，企業誘致にとくに有利な条件をもっているわけではない小規模な市町村では，出版物やマスメディアを通した情報発信が難しいが，インターネットは自身で自由に用意できるメディアであり，コストも大きくないので，観光や企業誘致による地域振興を狙った活動に利用しやすい。そのため，自治体サイト普及の初期には，小規模自治体を中心に，観光や企業向け情報提供に重点を置いたサイトの開設が多かったのであろう。しかしその後は，地元住民の間でインターネット利用が一般化していき，もっぱら住民向けの行政サービス情報提供を意図する自治体が増え，外部向けを重視するサイトの割合は小さくなったのである。

3) 小規模自治体における初期のサイト開設

サイトの開設時期に関して注目すべき点は，市町村規模とサイト開設の早遅には明確な関係がみられないことで，規模が小さくても，非常に早くからサイ

ト開設に取り組んだ自治体がみられる。たとえば，今回のアンケート回答市町村の中でもっとも早く（1994年）サイトを開設した長野県下條村は，人口4,004（1995年国勢調査），翌1995年に開設した長野県根羽村に至っては1,522（同）の小村である。このような小村が他に先駆けてインターネットによる地域情報発信を始めた理由は，インターネットによる情報発信に対する潜在的要求とそれを可能にした技術的背景の両面から考えることができる。

　この2村はいずれも長野県の山間地域に位置しており（図4-1），めぼしい産業がないために，観光に対する期待が大きかった。インターネットは，比較的低いコストで全国に向けた観光情報の発信を行いやすい。村当局としても産業振興の一環として観光客の誘致に向けた活動を展開したがっていた。ところが，著名な観光地ではない両村が一般のマスメディアに取り上げられることは考えにくい一方で，自前でプロモーション活動を行うことはコストがかかりすぎる。その点，インターネットは，先述のように比較的低いコストで全国に向けた情報発信を行いやすく，小規模な自治体でも実現可能性があるメディアであった。根羽村でサイト運営を担当した部署が産業課観光係であったことは，こうした事情をよく表している。

　しかし，そのような潜在的要求はあったとしても，インターネットが本格的に普及する以前であった当時に，村当局があえてサイト開設を考えたということには，それだけの技術的背景があったはずである。実は，両村のサイトを実際に構築し運用したのは，近くの都市に存在したICT分野の専門学校であった。この学校（当時，飯田コンピュータ専門学校，現飯田ゆめみらいICTカレッジ）は，地域の中心都市である飯田市が資金を負担して1987年に設立された専門学校であり，同地域の情報化を支援する目的ももっていた。日本で商用インターネットが運用され始めた当時から，この学校はインターネットを地域振興に利用する方法を模索しており，その一環として周辺の自治体にサイトの開設を呼びかけていた。その結果，両村は，同校の支援によって，同校サーバー内にサイトを開き，観光を中心とした情報発信を始めた。当時は，地元住民の中にインターネットの利用は普及していなかったが，サイトの目的が観光振興など外部に向けた情報発信であったため，それが大きく問題になることはなかったのである。

小規模自治体が用意できる資金や人材には限界があり，インターネット普及の初期段階においては，その限界をクリアするにはなんらかの外部的な支援が有効である。両村の例では，地域中心都市に存在する学校がその役割を果たしたのである。

4）縁辺地域における自治体サイト開設とインフラ整備

ごく初期にインターネット利用を試みた周縁地域自治体の中には，プロバイダー・サービス事業を自分自身で運営することによって，地理的デジタル・デバイドを克服しようとしたものもある。

上述のように，初期の自治体サイトが開設された頃には，インターネットそのものの普及率は低かった。とくに，国内の縁辺地域の組織や住民にとってはインターネットの利用には困難があった。民間のインターネット・プロバイダー業者の参入は大都市から始まっており，周縁地域で利用できるプロバイダー・サービスがほとんどなかったからである。こうした地域では，人口が希薄であり，当時のICT機器のコストを前提とすると，商業ベースのサービス事業は難しいと考えられていた。ごく初期にインターネット利用を試みた周縁地域自治体の中には，プロバイダー・サービス事業を自分自身で運営することによって，このような地理的デジタル・デバイドを克服しようとしたものもある。ここでは，北海道道東地域の自治体の連合体であるオホーツク委員会の事例を紹介する。

オホーツク委員会は，網走市周辺のオホーツク地域に位置する26市町村が1990年に結成した組織である。同委員会は，国内でももっとも縁辺に位置し，経済的にも厳しい条件下にある地域の振興を目指して，さまざまな事業をスタートさせたが，その1つがインターネット事業であった。これは，オホーツク地域の地域イメージの向上を目的とするもので，網走市を中心として1996年に開始された。

同委員会のインターネット事業では，オホーツク地域全体と各自治体の情報を発信するためにポータルサイトである「オホーツクファンタジア」を立ち上げ，そこに各自治体のウェブページを収容することが考えられた。しかし，「オホーツクファンタジア」が計画された当時，地域内に適当なネットワーク・サ

ービスが存在しなかった。こうした事態を打開するため，同委員会は各市町村を結ぶネットワークを独自に構築し，同時に一般向けのプロバイダー事業を行うことになった。NTTの専用回線によって，全体のセンターである網走市役所と2カ所のサブセンターを接続し，それぞれに設置したアクセスポイントで各公共機関および一般ユーザーからのダイアルアップ接続を受け付ける方式である。こうしたネットワークを構築・運営する費用は，各市町村の負担金や民間組織からの資金などによってまかなわれた。

「オホーツクファンタジア」は，当初から，地域外への情報発信を意図して計画されたものであり，コンテンツもイベントや観光情報の割合が大きい。オホーツク委員会の中で多数を占める小規模町村にとって，外部に向けた効果的なウェブページを自前で作り上げることは，人員や予算の面で難しいところがあるが，共同サイトを立ち上げることにより，ウェブページ開設の枠組が与えられ，ページ・メンテナンスの負担も軽くなったために運営が容易になった。

一方，一般向けのプロバイダー・サービスは，それまで情報ネットワークの利用機会を持てなかった同地域の住民にインターネット利用の可能性を開いた。ピーク時の同サービス契約数は約2,300であるが，これは，当時の世帯数の約17%にあたる。ブロードバンドや携帯電話インターネットが普及する以前には，全国のインターネット世帯普及率は20%以下であったことを考えると，縁辺地域としては高い普及率である。オホーツク委員会のインターネット事業は，同地域において初期のインターネット普及に大きく貢献したのである。

オホーツク委員会の構成市町村の中では，2000年頃から独自サイトを開設するところが増加し，2002年には全市町村が独自サイトを持つようになった。そのため，「オホーツクファンタジア」は市町村を束ねたサイトとしての役割を終え，各種の地域情報の入り口としてのポータルサイトに性格を変えた。また，一般向けプロバイダー・サービスも，民間事業者によるサービスが地域に普及してきたことに伴って，公共部門がサービスを提供する意義が薄れ，2005年に事業は廃止された。かくして，オホーツク委員会のユニークな活動は歴史的役割を終えた。しかし，この事例は，ICT利用には不利な条件下にある縁辺地域においては，インターネット普及の初期段階で，公的部門が大きな役割を果たすことができることを示したものといえよう。

3 自治体サイトの多様性

以上のように，自治体サイトの開設時期には，市町村規模による明確な差異は認めがたい。しかし，自治体サイトの性格や内容は，市町村規模によってかなり異なる特徴がみられる。以下，2006年に実施した市町村アンケートの結果から検討する。

1) サイトの中心的ターゲット

自治体がサイトを開設する目的には，行政サービスやイベントなどの情報を周知するという地元住民向けと観光情報や企業誘致のための情報を提供する外部向けのものとがある。どちらの目的に重点が置かれるかは，市町村規模による違いがみられ，後者を重視するのは小規模な自治体が多い。たとえば，観光情報提供を目的にあげる市町村は人口10万以上の市では50.0％なのに対して，人口10万未満の市や町村では65.8％と高い。同様に，企業向けの情報提供を目的にあげる市町村は，市の平均48.4％に対して町村55.0％と小規模自治体の方が高い（図4-4）。小規模市町村では，地域振興のために観光や企業誘致を目指すところが多く，外部へ向けた情報提供の要請が強いことと，小規模自治体でも比較的自由にメディアとして利用できるというインターネットの性質によるものであろう。一方，規模の大きな市では，紙媒体では市民全体に効率よく行政情報を伝達することは難しい。ほとんどの市では，住民サービスのガイド

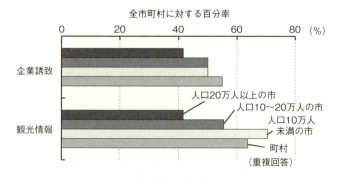

図4-4　公式サイトの中心的目的（人口規模別）
（市町村アンケート調査により作成）

ブックや広報誌を発行しているが，発行回数が限られるので細かな情報を迅速に届けるには限界があるし，それらを多数の住民すべてに配布するためには大きなコストがかかる。その点，インターネットは掲載する情報の量や更新の頻度にはあまり制約がないので，柔軟な情報提供が可能になる。もちろん，潜在的読者の大きさは開設・運営コストには直接関係しないので，大きな市の予算規模からすれば，わずかなコストで有効なメディアを手に入れられることになる。

2) 外国語への対応

住民向け情報提供の手段としての自治体サイトの特徴をよく示しているのが外国語への対応である。外国語のページは，外国に向けた情報発信ばかりではなく，外国人住民向けに，行政サービスや学校・保育，医療，ゴミ収集など日常生活に必要な情報を提供するものが相当数みられる。これらは，英語よりも英語以外の言語で作成されているものが多い（図4-5）。

外国語への対応にも市町村規模による差異がみられる（図4-6）。外国語対応のページがあるのは全体の28.5%であるが，人口20万以上の市では全数が

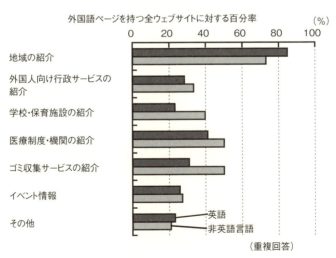

図4-5　外国人向けウェブページのコンテンツ
（市町村アンケート調査により作成）

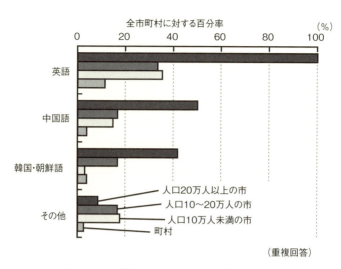

図4-6 人口規模別の外国人向けウェブページ開設率
(市町村アンケート調査により作成)

対応しているのに対し，町村では12.5％しか対応していない。言語別にみると，20万人以上の市では，全ての市が英語ページを開いているのに加えて，中国語や韓国語のページも多く，多数の人々が東アジアから来ているという実情に対応している。

しかし，英中韓以外の言語のページを開いているのは，むしろ，中間の規模である人口20万未満の市が多い。そうしたページの中ではポルトガル語で書かれているものが多いが，これは日系ブラジル人向けとみられる。自動車や電器メーカーの大規模工場で働くために日本に来ている日系ブラジル人はかなりの数に上るが，そうした工場はたいてい中間規模の都市に立地しているので，当該都市では彼らの日常生活のサポートのためにポルトガル語のページを開き，細かなサービス情報を流しているのである。

このような英中韓以外の言語を話す住民の数は，全体からみれば少ないから，コストから考えて，印刷媒体では対応が難しいであろう。しかし，ウェブサイトならば，比較的容易に情報伝達が可能である。情報の柔軟な発信が可能となるというインターネットの性質がよく現れている現象といえよう。

4 政府の政策の影響

1) 自治体の情報化に関する政府の政策

前述のように，政府が国家機関や自治体へのICT導入を積極的に進める政策を大規模に展開するようになったのは2000年の頃である。2001年には，自治体の行政サービスのオンライン化（電子自治体）を2005年度までに実現するという「e-Japan重点計画」を策定した。この計画のための基本インフラとして，全国のすべての自治体を結ぶ専用ネットワークである総合行政ネットワーク（LGWAN：Local Government Wide Area Network）が構築され，2003年度中には全自治体の接続が完了している（上村ほか，2012）。

しかし，自治体サイトに関する限り，こうした政府のICT政策が普及の原動力になったとは考えられない。上述のように，自治体サイトの開設は1990年代なかばには自然発生的に始まっており，国の電子自治体政策が本格的に動き出す前に，すでにほとんどの自治体が独自サイトを開設してしまっているからである。今回のアンケート調査でも，サイト開設のきっかけは，首長もしくは職員の発案とするものが72.9％と多数を占めていることからも，中央政府の政策の影響が大きくはなかったことが裏づけられよう。

2) 地方公共団体ドメイン名

むしろ，1990年代後半に急速に自治体サイトが普及した背景には，地方公共団体のみが登録できる地方公共団体ドメイン名が使用できるように制度整備が進められたことがあるのではないかと考えられる。1993年末に，日本のドメイン名登録管理業務を担当するNGOであった日本ネットワークインフォメーションセンター（JPNIC，2002年に（株）日本レジストリサービス（JPRS）へと業務移管）は，地域名をドメイン名の一部に含む地域型ドメイン名の一種として「地方公共団体ドメイン名」の登録の試行を受付始めた。これは地方公共団体のみが登録でき，どのドメイン名にどの自治体が該当するかは自動的に決まる。1996年に地方公共団体ドメイン名の登録受け付けが本格的に始まると（日本ネットワークインフォメーションセンター，1996），それをきっかけに，各市町村はこぞってサイトの開設とドメイン名の申請を検討した。その結果，自治

体の独自サイトは急速に増加したと思われる。当時は，ドメイン名の管理は民間ボランティアによって担われていたことから，ドメイン名の点でも政府の政策の明確な影響は認めがたい。

5 デジタル・フライホイール論

　自治体によるインターネットを利用した情報発信に関しては，実務家によって，ウェブサイト構築や運用が論じられてきたが（たとえば，黒田，2000；山田ほか，2005；市町村アカデミー，2006；安井，2009），インターネットに対する自治体の取組みを理解するための総合的な理論枠組の議論はあまり多くない。そうした中で，Van der Meer & Van Winden（2003）が，デジタル・フライホイール（digital flywheel）という概念を提唱している。彼らは，制度，経済，国家政策などの外部要因の影響下で，アクセス，インフラ，コンテンツの3つの要素が相互に関連して地域の情報化が進展するとしている。このうち，コンテンツは「特定地域に関する電子的な情報，双方向サービスなど」と定義され，ここでいう「地域情報」に相当する。彼らも指摘しているように，自治体はコンテンツを提供する地域の主体としてもっとも主要なものであり，自治体の地域情報化に対する政策の特徴をよく表していると考えられる。

　しかし，本章で概観した日本における自治体サイトの経験に照らすと，自治体がインターネットを活用する可能性を理解するには，彼らのいうデジタル・フライホイールの枠組だけでは十分ではないと思われる。

　第1に，自治体の情報化に対する態度の形成には，外部要因の影響はそれほど大きくないのではないか。制度的条件と考えられる地方公共団体ドメイン名登録の制度が制度的条件として作用したと認められるが，政府の政策は実際の自治体サイトの普及過程には大きな影響力をもたなかった。都市－農村間や国土内での中心－縁辺といった地域の違いによる経済的条件の差も，決定的ではなかった。

　第2に，コンテンツ－アクセス－インフラの相互連関という図式は，自治体の情報発信の受け手が住民であることを前提としている。しかし，実際には自治体（とくに，小規模の自治体）は外部のさまざまな相手方に向けて情報を発

信しようとする。その場合，ローカルな通信インフラや住民の情報アクセシビリティはあまり問題にならない。そもそも住民どうしのフェース・ツー・フェースのコミュニケーションがとりやすい小規模自治体では電子的手段によって地域の情報を伝達しなければならない必然性は薄い。しかし，そのような自治体でも広域的メディアとしてのインターネットの可能性に期待する。たしかに，地域のガバナンスとデモクラシーを確保する手段としてのインターネットは都市自治体にとって魅力的である。しかし，空間の制約を克服する手段としてのインターネットはまた別の可能性を地域にもたらしたのである。

ともあれ，自治体の公式サイトは今や完全に定着し，地域情報発信の欠くべからざる手段となっている。それは，政府の電子自治体化政策といった，いわば「上から」の情報化ではなく，自らの地域を支えようとする自治体の止むに止まれぬ思いに突き動かされて発達してきたのではあるまいか。もちろん，自治体のサイト構築技術の不十分さは指摘されるところであり（安井，2009），不断の改善が必要であろう。しかし，何よりもまして自治体サイトの価値を決めるのは，住民サービスを始めとする自治体の行政姿勢そのものである。であるがゆえに，自治体公式サイトは地方行政そのものを映し出す鏡であるともいえよう。

【文　　献】
榎並利博（2002）．電子自治体―パブリック・ガバナンスのIT革命　東洋経済新報社
上村　進・高橋邦明・土肥亮一（2012）．e-ガバメント論―従来型電子政府・電子自治体はなぜ進まないのか　三恵社
黒田　充（2000）．地域・自治体運動のためのインターネット入門　自治体研究社
市町村アカデミー（2006）．電子自治体の情報政策　ぎょうせい
情報化推進国民会議事務局編（2003）．電子自治体入門―先進事例に学ぶ　NTT出版
総務省編（1999）．平成11年版　情報通信白書　ぎょうせい
総務省編（2004）．平成16年版　情報通信白書　ぎょうせい
日本ネットワークインフォメーションセンター（1996）．JPドメイン名（地域型）割り当てについて〈ftp://ftp.nic.ad.jp/jpnic/domain/archive/domain-geographic-960401.txt（最終閲覧日：2013年12月17日）〉
安井秀行（2009）．自治体Webサイトはなぜ使いにくいのか？―"ユニバーサルメニュー"による電子自治体・電子政府の新しい情報発信　時事通信社

山田　肇・榊原直樹・遊間和子・小林　隆・関根千佳（2005）．市民にやさしい自治体ウェブサイト―構築から運用まで　NTT出版

Arai, Y. (2007). Provision of information by local governments using the Internet: Case studies in Japan. *NETCOM* **21**, 315-330.

Graham, S. & Marvin, S. (1996). *Telecommunications and the City: Electronic Spaces. Urban Places*, London: Routledge.

Van der Meer, A. & Van Winden, W. (2003). E-governance in cities: A comparison of urban information and communication technology policies. *Regional Studies* **37**, 407-419.

第5章
地場産業振興とインターネット
高齢者アグリビジネス「いろどり」の事例

　山間部に住むおばあちゃんが，紅葉で色づいた「葉っぱ」を集めて出荷し現金収入を得る。こうした文脈で，しばしばマスコミに登場した葉っぱビジネスをご存じの人も多いだろう。このビジネスは，「葉っぱ」を現金収入に変えるという斬新な発想とともに，日本の農村社会でややもすれば従属的な地位に置かれてきた高齢女性の経済的自立を助け，過疎化が進む中山間地域の人口維持問題に一石を投じた点で，社会に大きなインパクトをもたらしてきた。このビジネスの原動力が，事業を陣頭指揮し続けてきた創業者の創意工夫と，その熱意に応えた女性高齢者たちの粘りづよい営みにあることは間違いない。一方，彼らの創意工夫や熱意を支えてきたバックシステムこそ，全国の卸売市場から販売情報を収集し，その需要予測をふまえて生産者であるおばあちゃんに出荷を指示する情報ネットワークにほかならない。本章では，高齢者によるコンピュータの利活用という視点も含めつつ，葉っぱビジネスを背後から支えるインターネットの役割を検討したい。

1　インターネットと周辺地域の振興

　情報通信技術（ICT）が，都市部と周辺地域とのデジタル・デバイドをどのように縮小させるかは，情報地理学における重要な研究課題である。周辺地域の特産物や観光資源に関する情報発信や，相対的に低廉な賃金や地代を活かした産業誘致などは，その一例といえる。たとえば，Paradiso（2003）は，イタリアにおける経済の地域間格差を念頭に置きつつ，「伝統的な空間とデジタル

空間との接合」という表現で，周辺地域におけるさまざまな資源をインターネットを介して消費地である都市部に紹介することを，周辺地域の重要な経済戦略と位置づけた。また Lorentzon（2003）は，スウェーデンが進める周辺地域への情報関連産業の進出を念頭に置いて，光ファイバー網など ICT インフラの整備が周辺地域の生産機能を高め，こうした地域の雇用創出に大きな役割を果たすと指摘した。

　一方，農村部や山間部など国土の縁辺部で起きやすいデジタル・デバイドの問題は，ハード面の整備だけでは解消できないとする指摘もみられる。たとえば Malecki（2003）や Warren（2007）は，回線や情報機器などハード面での整備の遅れのみならず，こうした技術の受容に対する社会的な消極性が，周辺地域におけるデジタル・デバイドの解消を阻害していると述べている。この指摘は，高齢化が進む周辺地域において，高齢者が受容可能な情報環境をどう構築するかという本質的な問題と密接にかかわる重要な問題提起といえる。この問題は，中央－周辺という単純な構図で説明できるものではなく，地域資源の利活用や，人材の育成を含む総合的な枠組の中で検討すべき課題である。

　この章では，地理学における以上のような問題意識を土台としつつ，高齢化が進む国土の周辺地域において，インターネットを活用して高齢者と地域資源を結びつけ，あらたなアグリビジネスを創造した徳島県上勝町の葉っぱビジネスを考えていきたい。この事例は，農村部に豊富に存在する「紅葉した葉」を，都市部のレストランにつまもの[1]として販売する農産加工型ベンチャー事業であるとともに，高齢者自らが PC を操作して出荷管理や市場予測を行う点で類例がほとんどみられない。とりわけ後者は，高齢化率の高い農村部における ICT の受容に関して，Malecki（2003）が指摘する社会的消極性をのりこえた事例と評価することができる。

1）おもに，日本料理に彩りを添え，季節感を演出する季節の葉，花，山菜などの総称。

2 上勝町といろどりの「葉っぱビジネス」の概要

1) 上勝町の概要

　徳島県上勝町は，徳島市の南西約 40km の中山間地域に位置する（図 5-1）。大阪市と徳島市は，明石海峡大橋と大鳴門橋を経由して，車で約 2 時間の距離にある。このため，アナログ放送時代の徳島県は，大阪からの地上波放送を受信することが可能であったが，2011 年 7 月に設定された地上デジタルテレビ放送への移行（地デジ化）に伴って，県内全域に光ファイバー網を整備し，ケーブルテレビ網によってテレビ放送サービスを維持しようとする全県 CATV 構想を打ち出した。上勝町への光ファイバー網の整備は 2005 年に行われ，この整備が葉っぱビジネスを発展させる契機となった。

　中山間地域に位置する上勝町は，標高 100m から 700m の傾斜地に広がり，総面積 109.7k㎡の町内に 55 の集落が点在する典型的な山村である。町の面積の 85.6％は森林であり，その多くは杉の人工林であるが，輸入材の影響で国産材の価格が下落したため，雇用を支える産業としてはほとんど機能していない。

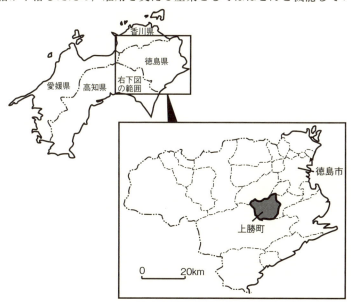

図 5-1　徳島県上勝町の地理的位置

表 5-1 徳島県上勝町の人口動態

年次	人口総数	年齢別人口			65歳以上人口の構成比
		15歳未満	15-64歳	65歳以上	
2001	2,110人	191人	976人	943人	44.7%
2004	2,011	186	877	948	47.1
2007	1,855	148	770	937	50.5
2010	1,776	138	709	929	52.3

(徳島県ウェブサイト「徳島県の統計情報」により作成)

上勝町の人口は，1955年の6,265人をピークとして毎年減少し，2010年4月には人口1,776人にまで減少した。過去45年間の人口減少率は71.7％，2010年の65歳以上人口比率は52.3％にのぼる（表5-1）。こうした点から，上勝町は過疎化と高齢化が急速に進んでいる小さな山村と位置づけられる。

2)「葉っぱビジネス」の概要

上勝町の「葉っぱビジネス」は，女性を主体とする高齢者が，もみじや南天など，秋に色づく葉を収穫し，都市部のレストランに季節を演出するディスプレイ（つまもの）として出荷するものであり，農産加工業の範疇に含まれる。都市部のレストランでは，季節感を演出する小道具として，これらの葉を料理の皿に添えて提供する。とりわけ，皿に盛りつけられた料理の色合いを大切にする和食では，秋の紅葉のみならず，四季折々の季節感を演出する植物の葉を料理に添え，料理全体のカラーコーディネートを行うことが多い。標高が高く，町内の標高差も大きい上勝町は，近隣の大市場である大阪や京都よりも早く紅葉が進み，季節を先取りしたつまものを提供できるだけでなく，標高差を活かして長い提供期間を維持することが可能である。また，葉っぱは軽く，高齢者の身体的負担が少ないこと，手軽に現金収入が得られるサイドビジネスであったことも，葉っぱビジネスが成功した要因と考えられる。

上勝町の葉っぱビジネスは，1981年の冬に，異常低温によって基幹産業であったみかんが壊滅的な被害を受けたことが創業の契機とされる。この冷害を機に，農作物のリスク分散が検討され，1984年にしいたけの栽培がスタートした。1985年，しいたけなど農産物の営業活動のため，大阪を訪れていた上勝町農

業協同組合（当時）[2] 職員の横石知二氏は，大阪の料亭で料理に添えられていたつまものにヒントを得て，高齢者を主体とする紅葉の出荷ビジネスを発案し，1987年に「いろどり」のブランド名で事業化に踏み切った（横石, 2007）。いろどり事業の初年度売上は，わずか116万円にすぎなかったが，高齢女性が紅葉を集めて現金収入を得るビジネスモデルが注目され，1990年には，新しい農業の発展や地域社会の向上に寄与した団体に授与される朝日農業賞を受賞した。当初，農協のベンチャー事業として始まったいろどり事業は，1999年に町と農協が出資する第三セクター・(株) いろどりとして独立し，2009年には2億6千万円の販売実績をあげるまでに成長している（図5-2）。

現在の事業の流れは，おおむね次の4つの段階から成り立っている。まず，いろどりが，つまものを出荷している全国の卸売市場から当日の市価や販売実績などを収集し，これらの情報をふまえて翌日の出荷量を決定，生産者に伝達する。次に，生産者はいろどりによる出荷情報に沿って紅葉を収穫し，傷みや色づきなどの検品を生産者が行ったうえで，発泡スチロールのトレーに詰めて出荷する。つづいて，農家から出荷された商品は，いったん農協の選果場に間借りしているいろどりの集荷場に集められ，数量，送り先などの出荷情報を付与されたのち，遠隔地へは徳島空港から航空便で，また関西地方へはトラック便でそれぞれ出荷される。最後に，各地域市場に到着したつまものは，仲買人

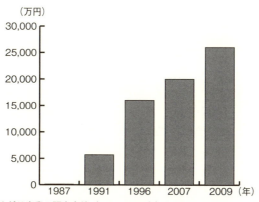

図5-2　いろどり事業の販売実績（1987-2009年）（いろどりでの聞き取り調査により作成）

2）現在はJAの広域合併によりJA東とくしま上勝支所となっている。

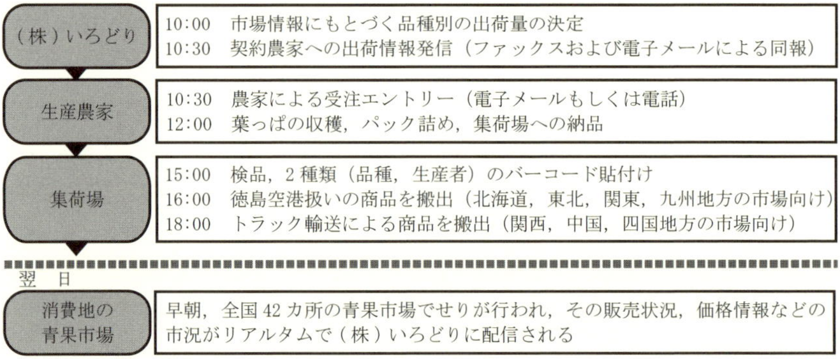

(株)いろどり	10:00	市場情報にもとづく品種別の出荷量の決定
	10:30	契約農家への出荷情報発信（ファックスおよび電子メールによる同報）
生産農家	10:30	農家による受注エントリー（電子メールもしくは電話）
	12:00	葉っぱの収穫，パック詰め，集荷場への納品
集荷場	15:00	検品，2種類（品種，生産者）のバーコード貼付け
	16:00	徳島空港扱いの商品を搬出（北海道，東北，関東，九州地方の市場向け）
	18:00	トラック輸送による商品を搬出（関西，中国，四国地方の市場向け）
翌日 消費地の青果市場	早朝，全国42カ所の青果市場でせりが行われ，その販売状況，価格情報などの市況がリアルタイムで(株)いろどりに配信される

図5-3 いろどりによる「葉っぱビジネス」の事業サイクル（いろどりでの聞き取り調査により作成）

によるせりを経て旅館・料亭などのエンドユーザーに小分け販売される。

3）葉っぱビジネスの事業サイクル

　いろどりの葉っぱビジネスは，いろどりが町内の農家と個別に契約を結び，いろどりの発注に応じて各農家が収穫可能な商品量をあらかじめ申告し，指定時間までにパッケージ化された商品（葉っぱ）を納品するサイクルを基本としている（図5-3）。

　この事業サイクルは，午前10時の出荷量（農家への発注量）決定から，午後4時の集荷場搬出までわずか6時間で，上勝町内における1日の作業が回転する点に最大の特徴がある。午前10時まで発注量の決定を遅らせる理由は，全国の青果市場における前日出荷商品のせりの動向を見極めることで，当日出荷分の需要予測の精度を高めるためである。また，16時までに集荷場での作業を切り上げ，商品を送り出す理由は，遠隔地への出荷に航空機を利用しており，その徳島空港からの出発時間に間に合わせるためである。このため，契約農家が受注してから，集荷場に納品するまでのリードタイムはわずか1時間半にすぎない。

　この事業サイクルを構築するにあたり，事業主体であるいろどりは，「紅葉」という特殊な商材を扱うため，いくつかの点に留意している。第1は，差別化が難しい資源を商品化するため，高い品質管理や安定出荷を通じて，青果市場における「いろどり」事業の差別化，ブランド化を図っている点である。第2

は，町内の契約農家であれば手軽に収穫可能な商品であり，発注量をはるかに上回る収穫が可能なことから，いろどりが農家に発注を行う際の公平性を高め，原則として早い者勝ちで農家からの受注エントリーを受け付ける点である。そして第3に，商品の性質から市場価格にはおのずと上限があり，コストに占める輸送費比率が高いことから，市場価格の動向を見ながら市場ごとに出荷量を微調整し，値崩れの防止に努めている点である。このため，いろどりの事業サイクルでは，①出荷先市場における価格動向のモニタリング，②農家へ発注する際の同時性確保，③厳密な検品，④バーコードによる商品と出荷者の個別管理，の4項目が重視されている。

　こうした点をふまえて，日々の事業サイクルを概観したい。事業の運営主体であるいろどりは，全国の消費市場における前日の販売状況と，大口の消費者からの注文量をもとに需要予測を行い，午前10時までに当日の出荷量を決める。この出荷量は，商品別に整理された一覧表となって，10時半にFAXと電子メールで全契約農家に同報される。これを受信した農家は，自分が昼までに納品可能な商品（種類と量）を判断し，電子メールか電話でいろどりに連絡する。この連絡が受け付けられた時点で，いろどりと農家との当日の出荷契約が成立する。受注を獲得した農家は，葉っぱの種類，大きさ，量などを発注情報に合わせて収穫し，12時までにパック詰めを終え，集荷施設に納品する。この集荷施設は，前述のように，いろどりの母体であるJA東とくしま上勝支所の選果場を間借りしている。

　集荷施設では検品を行い，変色した葉，虫食いがある葉はすべて除外される。検品はブランドイメージを守るために厳しく実施され，チェックに通った商品には，生産者と商品名を特定する2枚のバーコードを貼り付ける。バーコードを用いた商品別・生産者管理は，大手コンビニエンスストア，セブンイレブン・ジャパンの商品管理システムを参考にして，1997年から導入されている[3]。いろどりの商品は，北海道から九州まで全国42カ所の消費市場へ出荷される。このうち，遠隔地の北海道，東北，関東，九州地方へは飛行機で，また比較的近い関西，中国，四国地方へはトラックで出荷されるなど，全国の卸売市場で

---

[3] いろどり横石知二社長からの聞き取り調査による。

翌日の早朝に行われるせりに間に合う配送体制を構築している（図5-3）[4]。

4）生産農家の特徴

上勝町では，2010年3月現在，194軒の農家がいろどりに葉っぱを出荷しており，生産者の大部分は高齢女性である。いろどりは，日本の農村でスポットライトを浴びる機会が乏しかった女性の潜在能力に注目し，彼女たちの勤勉さ，高い目標達成意欲，強い競争意識が，葉っぱビジネスの原動力となることを期待した。葉っぱビジネス草創期の1980年代後半には，彼女たちはFAXでいろどりからの発注書を受信し，注文内容に合った落ち葉を拾うことが日課であった。しかし，落ち葉では虫食いや汚れなど商品管理上の問題点が大きいこと，市場である大都市部よりも1カ月半ほど季節を先取りした商品が求められることから[5]，1990年に入ると600m近い町の標高差を活かして，紅葉が早い高地から紅葉が遅い低地へと計画的な収穫を行うほか，人工的に紅葉を早めたり，温室を整備して紅葉を遅らせるなど施設園芸に近い設備投資を行い，もみじなど人気の品種については60日間近く連続出荷が可能な供給体制を整えた[6]。

いろどりでは，各生産農家の売上金額と，各農家の売上順位をPCやFAXで各農家に発信しており，こうした情報提供が生産者のモチベーションを高めている。2010年現在，もっとも出荷額が高い農家の年間販売額は，いろどり事業だけで約1,000万円に達しており，年商400〜500万円の農家も数軒存在する。194軒の生産者の，いろどり事業による平均年商は約190万円であり，本業の農業や年金の受給と合わせると，高齢者が上勝町での生活を安定させるサイドビジネスとしては十分に機能している。

---

4) 東京への出荷は，上勝町から16時に送り出し，18時半徳島発の最終便で東京の羽田空港へ空輸。翌朝，大田市場でせりにかける。このほか北海道，東北，九州の各卸売市場へも飛行機で，また関西，中国，四国の卸売市場へはトラックで出荷している。
5) いろどり横石社長からの聞き取り調査による。
6) いろどり石山幸治氏からの聞き取り調査による。以下，いろどりの事業内容や業績に関する具体的な内容は，同氏からの聞き取り調査に基づく。

3 葉っぱビジネスを支える4つの情報システム

　いろどりの葉っぱビジネスは，高齢女性による「落ち葉を現金収入に換える魔法」という文脈でメディアに取り上げられ，高い知名度を得ている。しかし，その背後にあって，現実にいろどりのビジネスモデルを支えている要素は，インターネットを介した高度な情報システムにほかならない。いろどりの情報システムは，①卸売市場の市況をリアルタイムで収集・伝達する機能，②過去の市況から直近の需要を予測する機能，③農家に発注や市況・需要予測を同報で伝達する機能，④市場へ情報を発信する機能という4つに大別される。この4つのシステムは，インターネットを介して相互に連動している（図5-4）。また，高齢者が使いやすいトラックボール式PCや，生産者や商品内容の確認が容易にできるバーコードの導入など，高齢者向けインターフェースの開発にも力を注いできた。

1）卸売市場情報の収集・伝達

　このシステムは，いろどりが商品を出荷する全国42カ所の卸売市場から，毎朝の販売状況や市場価格の推移をいろどりに伝えるシステムである。42カ所の卸売市場にはいろどりと契約した駐在員が常駐し，毎朝いろどり商品のせりの動向をモニターしている。その結果は，商品名，出荷パッケージ数，パッケ

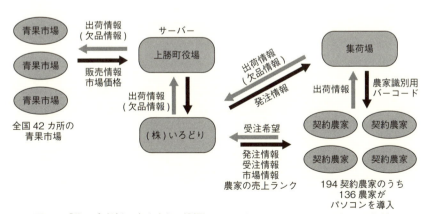

図5-4　「葉っぱビジネス」を支える情報システム（いろどりでの聞き取り調査により作成）

ージ単価,合計販売額などの項目に整理され,電子メールを用いてほぼリアルタイムでいろどりにフィードバックされる.

2) 需要予測

全国の卸売市場から集められた市況は,いろどりが需要予測を行う際にもっとも重要な情報となる.つまもの商品化のイノベーターであるいろどりの市場占有率は高く,とくに卸売市場を経由する販売額では,全国シェアの80％以上を占めているため,いろどりが出荷量を調整すれば,全国の市場価格をある程度操作することも可能である.これを利用していろどりは,供給過多で市場価格が崩れそうな場合には,出荷制限をかけて市場価格の回復を待つ.逆に,週末や大安など需要増が見込まれる特定日[7]には,出荷量を増やして市場機会の確保とシェアの拡大に努めている.この需要予測の結果は,毎朝午前10時に決定される農家への当日発注量を大きく左右している.

3) 農家への発注情報伝達

毎朝10時半になると,いろどりから契約農家へ当日の発注情報がFAXと電子メールで伝達される.また,生産農家はいろどりのウェブサイトにアクセスすることで,市場情報,需要予測,各農家の当月の累積販売額,農家の販売額ランキング(自分の順位のみ)をリアルタイムでチェックすることが可能である.こうした販売情報へのアクセスが,農家の収入やモチベーションの向上に直結するため,高齢の生産者が次々にPCを始め,2010年には194軒の契約農家のうち176軒(90.7％)が,オンライン化されたPCを導入するにいたった.

その一方で,上勝町は山間部で面積が広く,人口密度が低いため,情報通信インフラの整備コストが大きな負担となる.しかし,情報の同報性は,いろどりと契約農家との取引の公平性を維持するうえで不可欠である.この課題を解決するため,1992年にいろどりは,当時町内の全世帯が導入していた防災放送網を利用して,FAXによる情報伝達を試みた.当時の法制度では,自然災害など緊急時の避難勧告に用いられる防災無線を他の用途に転用することは規

---

7) 週末や大安には,結婚式が多く,つまものの需要が増える.

制されていたが，上勝町役場は例外としていろどりの試みを許可した。さらに2005年には，地上波テレビのデジタル化を控えて光ファイバー網が町内に整備されたため，2007年にはこれを利用したPCのネットワーク化を実施した。また，サーバやデータベース機能も，上勝町役場のPCに間借りすることでコストダウンを図っている。このように上勝町といろどりは，他の目的のために整備された情報機器や通信回線網を副次的に利用することで，いわゆるラストマイル問題の解消に努めてきたといえる。

4) 市場への情報伝達

葉っぱビジネスは，天然の産物を商品化するため，市場や大口需要者が期待する出荷量を確保できるかどうかの保証がない。このため，いろどりは，農家からの受注情報をもとに出荷予定量をリアルタイムで把握し，予想出荷量が発注量を下回る場合には，すみやかに卸売市場や取引先に伝達するシステムを整備している。この欠品情報の川下への伝達は，市場や顧客の信頼性を高め，厳密な検品を通じた品質の高さや，高齢女性の生きがいという物語性とともに，いろどりの葉っぱビジネスのブランド化に寄与している。

5) ユーザーインターフェースの開発

高齢者がPCと向き合う際，ネックとなるのがキーボードを用いた入力作業である。そこでいろどりでは，トラックボールで操作可能なPCと，アルファベットを使わずに画面上の五十音表を逐次クリックすることで文字入力が可能なソフトウェアを開発した。これとともに，市場での販売情報や個別農家の町内ランキングなど，「見たい情報を，PCを通じて見やすいかたちで見せる」工夫をこらした。その成果が，上述の90.7%という，高いPC利用率に表れたといえる。これまで，高齢者のPC利用促進に関する議論の多くは，主にハード面での適応に重点が置かれてきたが，見たい情報を提供することで利用者の意欲を高めるというソフト面での効果が示されたことは，情報システムを用いた高齢化地域の活性化を立案するうえで重要なヒントとなるものである。

また，売上管理やクレーム処理を行ううえで，誰が出荷した葉っぱであるかを識別できる仕組みが必要となる。このため，いろどりは，各農家の識別番号

を示すバーコード・ラベルを事前に各農家に配布し，出荷時にはこれをパックに貼り付けることを義務づけている。バーコード・ラベルによる生産農家の識別は，高齢女性による出荷作業の負担軽減にもつながるため，出荷先だけでなく生産農家にも評価されている。

4 いろどりの葉っぱビジネスへの評価

いろどりによる葉っぱビジネスが，中山間地域の活性化事例として評価できる点は，以下の4項目に整理できる。

第1は，「紅葉」という農村部ではありふれた存在を，「つまもの」という都市部の飲食店需要に結びつけ，商品化に成功した点である。伝統的につまものの収集は，開店前の調理人の仕事であった。しかし，自然環境に乏しい大都市内部では，当日のメニューに合わせて季節感の演出が可能な葉っぱを集めることは容易ではない。また，和食は季節の先取りが重要な演出内容であるため，常に消費地よりも一歩先の季節をつまものに要求する。いわゆる端境期出荷である。その意味でいろどりの成功は，実需者である消費地の飲食店の視点から，農村の資源にスポットライトをあてた点にあるといえる。

第2は，徹底した品質管理と情報管理を通じて，どこにでもある葉っぱのブランド化と差別化を進め，後発参入地域を抑えて高い競争優位性を維持している点である。こうしたコモディティ化している商品分野では[8]，しばしば後発参入地域が一気に増えて過度な価格競争が発生し，先行投資を行ったイノベーターが投資の回収に失敗するリスクが発生しやすい。いろどりは，検品による品質の平準化や，発注量を揃えられない場合の早期連絡など，顧客のリスク軽減を通じて天然資源のマニュファクチャー化を進めてきた。このことが，全国の卸売市場におけるつまもの流通において80％以上の市場シェアを維持するととともに，上勝町の他の農産物のマーケティングにも波及効果を与えている。その好例が，1981年の冷害を契機に商品構成の多様化を図るために導入された

---

8) 商品間の差異が少なく，差別化しにくい商品分野や市場を意味するマーケティング用語であり，価格競争が発生しやすい。

しいたけであろう。上勝町が出荷するしいたけの年間販売額は2010年現在約5億円で、葉っぱビジネスのそれを上回る。しかし、上勝町では、「あの葉っぱの村のしいたけ」というキャッチコピーでPR戦略を展開し、しいたけ市場でも高い知名度とブランド力を獲得している[9]。

　第3は、これまで経済活動の担い手として注目を浴びてこなかった女性高齢者を主役に据えたことである。とりわけ保守的な日本の農村社会では、女性が経済面でスポットライトを浴びる機会は少なかった。いろどりは、彼女らの役割をつくること、世帯ではなく女性自らが収入を得ること、他の生産者と競争すること、そのための戦略を自分で考えること、などを通じて、女性高齢者の潜在的な能力を引き出し、ひいては高齢化が進む上勝町の活性化に寄与している。現在、上勝町の1人あたり高齢者介護費用は徳島県内でもっとも少額であるが、いろどりではいろどり事業への参加をその理由の1つにあげている。

　第4は、葉っぱビジネスで得た資金や事業意欲をもとに、他の事業を積極的に展開している点である。現在、上勝町といろどりでは、葉っぱ以外の商品開発、温泉宿泊施設の整備、バイオマス事業、リサイクル事業などに着手している（上勝町ウェブサイト、（株）いろどりウェブサイトによる）。こうした事業が雇用を創出した場合、若者を積極的に雇用し、高齢者率を引き下げることも期待されている。

　その反面、いろどり事業にはいくつかの課題も存在する。まず、つまもの市場の飽和である。つまもの市場の規模は年商4～5億円といわれ、すでにいろどり事業の市場占有率が80％を超えていることから、これ以上の売上拡大はあまり期待できない。このため今後は、つまものを高く購入してもらえる料亭・旅館市場だけでなく、和菓子や大衆飲食チェーンなど、より商品単価の低い市場への参入も検討する必要がある。ただしその場合には、いろどり事業における粗利率の低下は不可避であろう。

　また、葉っぱビジネスにおける世代交代も遅々として進んでいない。葉っぱ

---

[9] いろどりでの聞き取り調査によれば、いろどりが手がける「葉っぱ」は、市場価格で他産地の約2倍の価格をつける。また、しいたけやゆずなど、いろどり事業以外の町内産農産物（JA扱い）についても、波及効果で他産地より高く売れているという。

ビジネスの成功に刺激されて，上勝町での就労を希望する若者は増えており，いろどりでもインターンシップ事業やワーキングホリデー制度を通じた若者の導入と定着を図っている。しかし，彼らが葉っぱビジネスに新規参入することは，現実的にはきわめて難しい。そもそも日本の農村では，他人に土地や家屋を引き継ぐことに消極的な性向が強い。しかも，葉っぱビジネスだけで独立した生計を営むことはきわめて難しく，他の農産物を栽培する農地や家屋が得られない以上，若者にとって葉っぱビジネスへの参入は魅力に乏しい。一方，現在の担い手である高齢者の立場に立つと，つまものの市場規模が拡大しない以上，新規参入者を受け入れることは農家1戸あたりの収入を減少させるリスクに直結する。加えて，温室や植林などの設備投資を行う農家が増えており，その投資回収が終わるまでは事業の継承は難しいのである[10]。このため，高齢者と新規に移り住んだ若者との交流も乏しく，世代間でのコミュニケーションが活発とはいえない。これに対して上勝町では，映画産業の誘致など，若者の就労機会の確保を目的とした新規事業に着手している。

いろどりが手がけてきた葉っぱビジネスは，高齢化が進む日本の中山間地域において，高齢者と地域の農産資源を結びつけてビジネス化に成功した事例である。いろどりによる葉っぱビジネスの成功は，市場規模が小さく，後発参入が育ちにくいというビジネス特性に加えて，ICTを高齢者に利用してもらう動機づけ，高齢者向けインターフェースの開発，高齢者のネットワーク化を実現したリーダーの創意や人望など，社会的障壁の解消に直結するいくつかの要素が重なった結果と考えられる。先進諸国の中で，ハード面のデジタル・デバイドが縮小されつつある今日，情報化を阻害する社会的障壁の解消が相対的に重要な問題となることは疑いない。

---

[10] いろどりでの聞き取り調査によれば，温室等の先行投資を行った場合，利益が出るまでに3～5年かかる。世代交代を働きかけてはいるが，施設園芸化すると資産価値が高まるため実現は難しくなる。結果的に，若い新規参入者は，既存のいろどり会員が使っていない放置農地などを新規開拓するしかないという。

【文　　献】

（株）いろどり　〈http://www.irodori.co.jp/（最終閲覧日：2014年3月9日）〉
上勝町　〈http://www.kamikatsu.jp/（最終閲覧日：2014年3月7日）〉
徳島県　〈http://www.pref.tokushima.jp/（最終閲覧日：2014年3月7日）〉
横石知二（2007）．そうだ，葉っぱを売ろう！　ソフトバンククリエイティブ
Lorentzon, S. (2003). The role of ICT as a locational factor in peripheral regions. *NETCOM* **17**(3/4), 159-186.
Malecki, E. J. (2003). Digital development in rural areas: potentials and pitfalls. *Journal of Rural Studies* **19**(2), 201-214.
Paradiso, M. (2003). Geography, planning and the Internet: Introductory remarks, dynamics of traditional and e-places. *NETCOM* **17**(3/4), 129-138.
Warren, M. (2007). The digital vicious cycle: Links between social disadvantage and digital exclusion in rural areas. *Telecommunications Policy* **31**(6/7), 374-388.

第6章
商店街によるウェブサイトの開設と活用

電子商取引が代表するように，商業とインターネットとの関わりは大変深い。2012年度の総務省調査によれば，国民のインターネット利用経験率は79.5％に達し，家庭内からの利用に限れば，「電子メールの受発信」，「ホームページ（ウェブ）・ブログの閲覧」に次いで，「商品・サービスの購入・取引」があげられている（総務省, 2013）。その一方で，サイバースペースでの商品販売よりも，むしろPR活動や顧客とのコミュニケーションを目的として，既存の商店や商業集積が運営するウェブサイトも存在する。商店街が運営するウェブサイト（以下，商店街サイト）はその典型例といえる。本章では，このような商店街が運営するサイトを取り上げ，その開設時期や動機，そこで発信されている情報，費用負担やこれをめぐる公的補助のあり方，そして維持管理を行ううえでの課題を明らかにしていきたい。

1 商店街とインターネット

インターネットの社会的浸透とともに，物販事業者によるその利用もまた急速に拡大していった。インターネットの商業的利用は，インターネット上での商品提供と，事業者による広範な情報発信活動とに大別することができる。

このうち，電子商取引は前者の代表例である。電子商取引の社会的浸透は，Amazon.comや楽天市場などサイバースペース上のメガストアやメガモールを成長させただけでなく，これまで市場の範囲が限られていた専門店や地方の特産品にあらたな販路をもたらした。一方，商店街サイトは後者の典型例であ

る。日本における商店街サイトは，全国商店街振興組合連合会に加盟する商店街に限っても，2005年時点ですでに841サイトが確認されており，この中で確認できるもっとも古いサイトは1995年に公開されている[1]。こうした動向を反映して，1990年代後半には商店街とインターネットとの関わりを捉えた研究もいくつか発表された。しかし，この時期の研究は，商店街サイトをあらたな販売チャネルと位置づけるものが多く，ウェブサイト上での販売戦略の構築（黒須, 1999；松島ほか, 1999）や，バーチャル・モール（ネット上での仮想商店街）の成否（那須, 1999）を問うものが多数を占めた。しかし，商圏が狭く，扱う商品が安価で差別化しにくい近隣型商店街ほど，発信情報の主体は商品の販売情報よりも，商店街や店舗に来街（店）を促す情報に特化しやすい。表6-1は，前述の841サイトが提供する情報内容を整理したものであり，商店街サイトの発信情報の主体が，特売・イベント情報を含む集積情報の提供や個店の情報提供であることが理解できる。その一方で，優れたコミュニケーション効果が期待されつつも，高頻度での情報更新やメンテナンスを要するメールマガジン，BBS，クーポンなどの提供割合は小さく，費用や労力の面で商店街が抱える課題も見え隠れしている。また，2000年代に入ると，商店街に地域コミュニティ再生の軸としての役割を期待し，商店街サイトを通じた地域情報発信を期待する動きが，地方自治体から出されるようになった（中村, 2002；中川, 2004；柳田, 2007）。このように，商店街サイトが発信する情報は，販売情報の枠を超えて多様であり，その内容は商店街の規模（店舗数）や商圏特性に応じて異なると考えられる。

　本章では，このような問題意識に基づき，商店街サイトの開設時期，発信情報，費用負担などを整理するとともに，商店街サイトが担う地域情報発信とこれに対する自治体の支援，そして商店街サイトが抱える課題などを明らかにする。

---

1) 筆者らは，2005年に全国商店街振興組合連合会のウェブサイトにリンクされている加盟単組のウェブサイトについて悉皆分析を行った（表6-1）。ここで開設年が確認できたサイトのうち，もっとも開設時期が古いものは，1995年に開設された横浜元町商店街振興組合（横浜元町ショッピングストリート：神奈川県横浜市）と，川越一番街商業協同組合（川越一番街商店街：埼玉県川越市）であった。

表 6-1 商店街サイトが発信する情報（2005 年 7 月）

地　方	ウェブサイトをもつ商店街数	ウェブサイト上で各商店街が発信する情報（地方別の構成比）					
		商店街の案内・概要	加盟店舗へのリンク	特売・イベントの情報	メールマガジンの配信	BBSの運営	クーポンの提供
北海道	39	82.1%	71.8%	64.1%	7.7%	33.3%	7.7%
東北	50	80.3	22.0	75.8	1.5	30.3	16.7
関東（除・東京都）	98	61.1	80.6	65.3	5.3	28.4	16.8
東京都	220	79.6	88.6	81.9	7.1	34.1	20.6
甲信越	26	88.5	88.5	80.8	3.8	26.9	11.5
東海	64	53.0	76.6	68.2	4.5	31.8	16.7
北陸	55	85.7	83.6	43.6	5.5	10.9	9.1
近畿（除・大阪府）	85	62.4	77.6	60.0	5.9	14.1	12.9
大阪府	81	57.3	82.7	79.3	26.8	34.1	32.9
中国	47	83.0	83.0	83.0	10.6	27.7	14.9
四国	34	76.5	79.4	73.5	14.7	50.0	8.8
九州・沖縄	42	50.9	52.4	71.9	5.3	31.6	12.3
全国計	841	70.9	77.5	72.1	8.2	29.5	17.1

（全国商店街振興組合連合会にリンクをもつ841商店街サイトでの発信情報を筆者らが集計・作成）

　本章の分析対象は大阪市内の商店街サイトとする。分析を行った2008年4月時点で，大阪市における組合組織を持つ商店街は135団体あり，このうち，商店街が自主的に運営するサイトを持つものは43商店街36サイトであった[2]。本章では，この36サイトが発信する情報をタイプ別に類型化するとともに，聞き取り調査の協力が得られた21サイト（29商店街）を対象として，開設動機，初期費用と維持経費，運営上の課題などを分析した。分析に際しては，ウェブサイトを通じて商店街が発信する情報が，商圏規模や，最寄り品，買回り品など商品の階次で異なることが予想されるため，原則として，中小企業庁による，近隣型，地域型，広域型の3商圏類型別に集計を行う[3]。表6-2は，分析対象とした21サイトの概要である。

---

2) 大阪府商店街振興組合連合会（以下，大振連）ウェブサイトにもとづく。ただし飲食店街のウェブサイト，株式会社が運営するショッピングモールのウェブサイトを除く。なお，商店街数とサイト数の不一致は，近接する複数の商店街が共同運営するサイトが5ケース含まれるためである。
3) 3つの商圏類型は，中小企業庁の「商店街実態調査」に際して，各商店街が回答した内容に基づいて分類された①近隣型商店街，②地域型商店街，③広域型商店街，④超広域型商店街の4類型のうち，④を③に含めて3類型とした。

表 6-2 分析対象とした大阪市 21 商店街サイトの概要 (2005 年)

商店街の類型	サイトの概要			開設時期・更新頻度			
	サイト記号	運営商店街の立地	加盟店舗数	開設時期		平均的な更新頻度	携帯サイトの有無
				現行サイトの開設年	試行サイトの有無とその開設年		
近隣型商店街	N1	生野区	130	1997		7 年間無更新	○
	N2	生野区	35	1998		7 年間無更新	
	N3	淀川区	78	2000		3 週間	○
	N4	大正区	66	2003	2000	1 ヵ月	
	N5	西成区	65	2004	1997	3 ヵ月	○
	N6	住吉区	92	2004		2 ヵ月	○
	N7	淀川区	69	2005		1 週間	○
	N8	西区	94	2006	1997	2 日	○
地域型商店街	R1	住之江区	120	1998		5 年間無更新	○
	R2	都島区	160	1999		毎日	○
	R3	旭区	220	2001		3 日	○
	R4	東住吉区	218	2002		2 週間	○
	R5	福島区	140	2003		10 日	○
	R6	生野区	125	2003	2002	3 日	
広域型商店街	W1	中央区	47	1996		2 ヵ月	○
	W2	中央区	155	1997		20 日	○
	W3	東成区	201	2002	2000	無回答	○
	W4	東成区	150	2002		5 日	○
	W5	北区	303	2003		10 日	○
	W6	中央区	160	2003	1997	10 日	○
	W7	浪速区	71	2006	2000	毎日	○

(各サイトの担当者からの聞き取り調査により作成)

2 商店街サイトが発信する情報

1) サイトの開設動機

　表6-3は，21サイトの運営主体によるサイトの開設動機をまとめたものであり，商圏類型を超えて補助金の存在が強い開設動機となっている。このことは，中小小売業の集合体である商店街にとって，サイトの構築にかかる初期費用が重い負担であることを物語る一方で，「補助金が出るなら作ってみよう」という，ややもすれば安易な意識も見え隠れする。続く理由は，商圏類型によって上位にあがる項目が異なる。狭い集客範囲から高頻度の来街者を迎える近隣型商店街では，補助金と並んで，「地域との接点をもつ」が強い動機となり，「商店街のPR・集客」がこれに続いている。一方，相対的に広い商圏を想定する地域型商店街では，「商店街のPR・集客」「マスコミ連動」が補助金と並んで多い。「マスコミ連動」とは，マスコミによる取材予定，取材風景，放送予定などを発信するものであり，来店頻度の低いライトユーザーに対する短期的な話

表6-3　商店街サイトを開設した動機

	近隣型		地域型		広域型		合計	
	実数	率	実数	率	実数	率	実数	率
ウェブサイト構築に補助金が出る	5	63%	4	67%	4	57%	13	62%
商店街のPR・集客	3	38	4	67	5	71	12	57
地域との接点をもつ	5	63	2	33	0	0	7	33
歴史・文化の発信	1	13	2	33	4	57	7	33
マスコミ連動	1	13	4	67	2	29	7	33
個店のポータル	0	0	1	17	4	57	5	24
他事業との融合	2	25	2	33	0	0	4	19
商店街の名刺代わり	1	13	1	17	0	0	2	10
電子商取引	0	0	0	0	2	29	2	10
大振連の呼びかけ	1	13	1	17	0	0	2	10
外国からの観光客へのアピール	1	13	0	0	1	14	2	10
同規模の商店街がもっていた	0	0	0	0	1	14	1	5
商店街総数	8	100	6	100	7	100	21	100

(各サイトの運営担当者からの聞き取り調査により作成)

題づくりと集客効果を期待している。これに対して，広域型商店街では，「商店街の PR・集客」が補助金を上回り，補助金と並んで「歴史・文化の発信」「個店のポータル（加盟店舗へのリンク機能）」が重視されている。

2) 商店街サイトの発信情報

表6-4 は，聞き取り調査を実施した 21 サイトを含め，2008 年 4 月現在で大阪市内の商店街が運営していた全 36 サイトが提供する発信情報（以下，コンテンツ）の内容を，1) 商店・商店街情報，2) 顧客とのコミュニケーション手段，3) 地域情報という 3 カテゴリーに区分し，サイトを運営する商店街の商圏類型別に集計したものである。まず 1) 商店・商店街情報では，「店舗紹介」「商店街マップ」「店舗へのリンク」「イベント情報」の 4 コンテンツのうち，イベントを紹介するページの開設率が高い一方，その他の情報は商店街ごとの差が大きい。総じて，高頻度での更新を要する「ニュース・お知らせ」や，加盟店舗の広報・販売活動に直結する「商店街概要・歴史」「店舗検索」「プレゼント」「電子商取引」「外国語サイト」などの開設率は，近隣型，地域型より広域型商店街で高い。一方，「特売」「クーポン提供」など，日常的なプロモーション活動は近隣型商店街ほど積極的である。

次に，2) 地域・顧客とのコミュニケーションを目的とするコンテンツでは，「電子メールによる質問・問い合わせ」が一般的で，「BBS」の運用率は低い。BBS については，いくつかの商店街サイトが一度は導入した経緯があるが，その多くは閉鎖されている。その理由は，「いたずらが多く，責任を持って管理できない。開設 5 年で閉鎖（W2）」など，悪意ある書き込みへの対応が困難なためである。とりわけ，商店街サイトを実効性のある集客装置と位置づけている地域型商店街と広域型商店街では，不適切な書き込みが放置されやすい BBS への警戒感が強い。一方で，ブログについては商圏類型を問わず一定の評価を得ており，「かつてはマスコミからの情報が絶対的だったが，最近はブログなどのクチコミが集客力を高めている（R1）」など，新しい PR メディアとしてブログを位置づける意見もみられる。その一方で，「難しい。個店の店主が何を書いても自由であるが，それが商店街の公式サイトに載る以上，商店街としての立場をわきまえて書いてもらえるかどうか疑わしい（R3）」など，商店街サイ

表 6-4 大阪市の商店街サイトが発信する情報

コンテンツ類型	コンテンツの内容	近隣型 実数	近隣型 掲載率	地域型 実数	地域型 掲載率	広域型 実数	広域型 掲載率	合計 実数	合計 掲載率
商店・商店街情報	店舗紹介	17	100%	12	100%	7	100%	36	100%
	商店街マップ	15	88	12	100	7	100	34	94
	店舗へのリンク	15	88	11	92	7	100	33	92
	イベント情報	14	82	11	92	7	100	32	89
	ニュース・お知らせ	9	53	11	92	6	86	26	72
	商店街概要・歴史	6	35	7	58	5	71	18	50
	特売情報	10	59	5	42	3	43	18	50
	店舗検索	4	24	5	42	5	71	14	39
	クーポン	7	41	5	42	1	14	13	36
	求人情報	3	18	6	50	2	29	11	31
	プレゼント	2	12	1	8	4	57	7	19
	マスコミ取材・放映	2	12	4	33	0	0	6	17
	電子商取引	2	12	2	17	2	29	6	17
	外国語サイト	1	6	0	0	2	29	3	8
地域・顧客コミュニケーション	質問・問い合わせ	13	76	11	92	5	71	29	81
	携帯サイト	6	35	3	25	4	57	13	36
	ブログ	3	18	3	25	1	14	7	19
	BBS	4	24	1	8	0	0	5	14
	動画	3	18	1	8	0	0	4	11
地域情報	地域団体へのリンク	13	76	10	83	5	71	28	78
	生活情報	9	53	3	25	0	0	12	33
	地域の歴史・旧跡	4	24	4	33	2	29	10	28
	子育て情報	4	24	1	8	0	0	5	14
	まちづくり情報	2	12	0	0	0	0	2	6
	観光案内	0	0	0	0	0	0	0	0

(各サイトの運営担当者からの聞き取り調査により作成)

トのコンテンツとしてのブログには慎重な意見も存在している。

3) の地域情報発信は，狭い商圏の深耕を図りたい近隣型商店街や地域型商店街で，とりわけ強く意識されている。「商店街だけの情報ではアクセスが少ないので，区のポータルサイトを考えた。商店街サイト上に，区の公共施設や生活関連情報へのリンクを整理した (N8)」などは，地域情報発信に対する商店街の高い意識や期待を物語るコメントである。事実，生活情報や子育て情報を

発信する比率は，近隣型商店街がもっとも高い。また，「地域団体へのリンク」は，商圏類型にかかわらず70～80％台と高い比率を示すが，その背景には行政による補助金の交付基準が存在する。この点は第4節で述べたい。

3）コンテンツ・ミックスによる商店街サイトの類型化

商店街サイトは，多様なコンテンツを運営主体の方針や戦略に基づいて取捨選択する，いわゆるコンテンツ・ミックスを経て構築される。対象21サイトのコンテンツ・ミックスは，大きく4タイプに分類できる。第1は，多様なコンテンツを可能な限り取り込むフルライン型サイトである。このタイプは，店舗数が多い大規模商店街で典型的にみられる[4]。第2は，フルライン型サイトのコンテンツの一部を選択的に取り込んだ選択的サイトである。このタイプは，人的，金銭的な資源が限られる中小規模の商店街のほか，遅れてサイトを開設した商店街，チラシなど既存のPR手段への依存度が高く，サイトを補助手段と割り切っている地域密着型商店街などに多くみられる[5]。商店街サイトの多くは，この2タイプのどちらかに含まれる。第3は，情報提供・情報更新は原則として個々の裁量に任せ，商店街サイトはそのリンク集としての性格に留まるポータル型サイトである。このタイプは，厨房用品街（W1），鮮魚市場（W2），電気街（W7）など，商品の専門性が高く，近畿一円を越える広域商圏をもつとともに，加盟店舗が個店のサイトで電子商取引を行う，いわゆる専門的商店街に多い。そして第4は，個々の店舗・商品の情報よりも，地域情報発信やブログなどのコミュニケーションに重点を置く地域コミュニケーション型サイトである。このタイプは，前出のN8，R4など，商圏住民との関係性を深耕しようとする近隣型・地域型の商店街に多い。

4）サイトの更新頻度

対象21サイトの更新頻度は，「毎日（R2，W7）」から「7年間無更新（N1，N2）まで幅が広いが，一般的に，近隣型商店街ほど更新間隔が長く，商圏範

---

4) R3（220店舗）やW5（303店舗）など。
5) N2（35店舗），N3（78店舗），N7（69店舗），R1（120店舗）など。

囲の広い地域型，広域型では高頻度で更新される傾向がみられる（表6-2）。更新頻度が低いサイトの運営主体は，商店街サイトの実効性が乏しいと指摘する。一方，高頻度で更新を行うサイトは，個店の情報発信力の高さや，商店街の規模の大きさに依拠している。また，「数名のキーマンが分担して，毎日ブログを更新する（R2）」など，高頻度更新を意識した運営体制もみられる。さらに，「高齢化が進む店主に代わり，FAXや口頭で個店情報を伝えてもらい，運営担当者がアップする（R3，W4）」など，発信する情報の収集と，サイトへのアップロード作業を分離することで，商店街全体で情報発信に取り組む体制を維持する工夫もなされている。

3 商店街サイトの費用負担と補助金

　商店街サイトは，商業団体の顔としての役割を担い，情報発信を通して商店街の知名度や集客力を高めることが期待されている。このため，個人が趣味で運営するサイトとは異なり，その多くが専門業者によって制作され，管理・運営を業者に委託するケースも少なくない。それでは，商店街サイトの制作や管理・運営には，どの程度の費用負担が発生し，これに対する公的補助はどの程度交付されているのであろうか。

1）サイト開設の初期費用

　聞き取り調査によれば，対象21サイトが開設に要した初期費用の平均は432万8千円であった（表6-5）。これを商圏類型別に集計すると，近隣型商店街の平均額が189万2千円であるのに対して，地域型は666万7千円，広域型は510万7千円となっており，小規模な近隣型商店街が運営するサイトの初期費用は，地域型，広域型の30～40％弱にとどまる。こうした運営商店街の商圏類型による初期費用の差は，運営商店街の資金力や発信情報の多寡もさることながら，規模の大きな商店街ほど多額の補助金が得やすくなる交付基準に負うところが大きい。

　事実，対象の21サイトのうち13サイトまでが，大阪市，大阪府，あるいは業界団体である大阪府商店街振興組合連合会（以下，大振連）の補助金を獲得し

表6-5 商店街サイトの費用と制作代行業者の利用状況

サイトの概要			費用負担・補助金・代行企業							
商店街の類型	商店街識別記号	現行サイトの開設年	初期費用	年維持費	補助金額	補助金（大阪府）	補助金（大阪市）	補助金（大振連）	補助率	制作代行企業の介在
近隣型商店街	N1	1997	300 千円	10 千円	150 千円			○	1/2	B社
	N2	1998	500	528						
	N3	2000	0	50						A社
	N4	2003	2,000	24	1,000		○		1/2	
	N5	2004	5,000	250	2,500		○		1/2	
	N6	2004	5,000	120	2,500				1/2	
	N7	2005	830	592						B社
	N8	2006	1,500	600	600			○	2/5	B社
地域型商店街	R1	1998	500	24						
	R2	1999	1,000	500						
	R3	2001	15,000	1,800	10,000		○		2/3	
	R4	2002	10,000	1,200	6,600		○		2/3	B社
	R5	2003	5,500	840	2,750		○		1/2	B社
	R6	2003	8,000	480	4,000		○		1/2	
広域型商店街	W1	1996	2,000	300	1,500	○			3/4	B社
	W2	1997	700	880						
	W3	2002	550	380						
	W4	2002	5,000	36	2,000		○		2/5	
	W5	2003	18,000	360	12,000		○		2/3	B社
	W6	2003	8,000	5,500	4,000		○		1/2	A社
	W7	2006	1,500	2,500						

（各サイトの運営担当者からの聞き取り調査により作成）

て，現行のウェブサイトを開設している。補助率は3/4から2/5まで幅がみられるが，補助率1/2というサイトが12サイト中7サイトを占めている。この3団体が商店街サイトに交付した補助金のうち，1990年代後半の2件（府，大振連，各1）と2006年の1件（大振連）を除く10件すべてが大阪市によるものであり，時期的にも2001年から2004年の4年間に集中している。市の補助金

が交付された9サイトの内訳は,近隣型2,地域型4,広域型3であるが,交付金額は商店街を構成する店舗数で大きく異なる。商圏類型にかかわらず,店舗数201以上の大規模商店街(R3, R4, W5)への平均交付額が956万円であるのに対して,店舗数101〜200の中規模商店街(R5, R6, W4, W6)は269万円,店舗数100以下の小規模商店街(N4, N5, N6)は200万円にとどまる。この差は,商店街による自己負担分に配慮した数字であると同時に,ウェブサイトという新しい補助対象について,確実に成果を上げることが期待できる大規模商店街をまず優先し,その技術移転効果で中小規模商店街のウェブサイトの負担軽減を図ろうとした大阪市の意図があったとされる[6]。

一方,補助金に頼らず開設した8サイトの初期費用は,平均69万8千円であり,補助金を用いて開設した13サイトの平均費用656万2千円の約1/10にとどまる。補助金に依存せずにサイトを開設した理由については,8サイト中6サイトが「身近なIT技術者・IT企業の存在」を,また2サイトが「潤沢な資金を背景とした通じた自由なサイトづくり」をあげており,技術的な課題を解決できる人的ネットワークをもつか,自己資金のみで業者に発注可能な資金力をもつことが条件となっている。

2) サイトの維持費用

21サイトの年間維持費用の平均額は80万8千円であるが,近隣型8サイトの平均費用27万2千円に対して,地域型は80万7千円,広域型は142万2千円で,類型間の費用差は大きい。その一方で,補助金交付を受けた13サイトと自己資金のみで立ち上げた8サイトの維持費用の差は,前者の88万6千円に対して後者は68万2千円で,初期費用ほど大きな差はみられない。その理由は,サイトの維持費用には補助金が充当できないため,情報更新やサーバー費用などを商店街の自己資金で充当せざるをえず,商店街間の体力差が反映されるためである。実際,年間維持費用が50万円を超える9サイト中6サイトは,加盟店舗が140を超える地域型もしくは広域型商店街を運営主体としている。逆に,年間維持費用が50万円を下回る12サイトのうち,一定頻度で更新されている

---

6) 大振連での聞き取り調査による。

サイトでは，商店街で更新作業を行うか（N3，W4），ブログなど容易に更新可能なテキスト情報と，デザインそのものの変更に関わる更新に切り分け，後者のみを業者に委託するケースが主流である。

3）補助金の特性と制約

　大阪市の商店街サイトに交付された最初の補助金は，1996年6月，大阪府による商店街活性化助成金であった。1997年には，大振連による近隣型商店街への補助も試行された。しかし，大阪市の商店街サイトに対する本格的な補助事業は，2001～2004年に大阪市が実施した，商店街サイトへの集中的な補助事業である。大阪市経済局による補助事業は，対象21サイト中の9サイトに及び，補助総額も4,485万円にのぼる。ところが，2004年を最後に，商店街サイトに対する市の補助金は事実上廃止された。その理由は，財政難にともなう地方自治体の支出削減に加え，商店街サイトに対する費用対効果が明瞭ではないためといわれる[7]。

　その一方で，補助金を商店街に交付する際には，使途をめぐる制約条件が存在した。具体的には，1）電子商取引など利益を生み出す内容ではなく，地域情報発信や地域コミュニティ育成など，地域を主語とする公益性の高いコンテンツが含まれること，2）補助金は初期費用の一部を充当するにとどめ，維持費用には利用しないこと，の2点である。一連の補助金は，商店街等競争力強化推進事業の一環として国・大阪府が出資した100億円の基金を原資としていた。このため，運用を担う大阪市は，商店街の利益追求に直結する事業ではなく，商店街を含む地域全体が活性化する事業にこだわり，商店街サイトに地域情報発信機能が含まれることを条件化したのである。この，地域情報発信機能の条件化については，商店街でも賛否が分かれた。近隣型商店街では，「地域情報の発信がサイトのアクセス向上につながる（N8）」など，好意的な評価が得られた一方で，広域型商店街では，「補助金獲得のために入れたものの，商店街にとって地域の範囲が不明瞭（W3）」「電子商取引機能が制限されるので補助金は一切不要（W2）」など，総じて否定的な意見が目立った。

7）大振連での聞き取り調査による。

4 制作代行業者が果たす役割

　商店街サイトを構築する場合，その多くが専門の ICT 企業に設計・制作を委託した。こうした ICT 企業の中で，X 社は 21 サイト中 7 サイトの制作代行を受注しただけでなく（表 6-5），補助金獲得のコンサルタント事業やサイトのリニューアルなど，広範なサイト運営支援を行う点に特徴がある。ここでは，X 社を事例として，商店街サイトの普及に制作代行業者が果たした役割を検討したい。

　神戸市に本社を置く X 社は，1999 年に設立され，創業当初から ICT を用いた地域活性化ツールの開発・普及に重点を置いてきた。事業収入も，商店街サイトの制作が約 50％，地域ポータルサイトの制作が約 40％を占めており，2008 年 6 月現在，全国 256 商店街のウェブサイトを制作している。X 社が，商店街サイトの制作を主力事業とする理由は，行政の補助事業として高い収益性が期待できるからである。その一方で，補助金の獲得に際しては，煩雑な書類上の手続きが不可欠となる。このため X 社は，補助金の獲得から設計，製作，メンテナンスまでを一括して請け負うサービスをシステム化したのである。

　X 社では，顧客となる商店街を，商圏規模と店舗数とで，S～C の 4 段階に区分している。広い商圏をもち，多くの店舗を抱える商店街ほど補助金を含めた事業規模は大きくなる。X 社の事業収益を支えているのは，上位の 2 ランクであるという。しかし，上位の 2 ランクに含まれる商店街は，大阪市に限らず 2000 年代の前半までにサイトの構築を終えており，この 2 ランクに限れば市場の拡大は期待できない。一方，予算規模が限られる B，C ランクの商店街も，収益率の面では決して悪い取引先ではない。維持費用に制約のある B，C ランクの商店街は，コンテンツを必要最小限に絞り込んだ選択的サイトを希望する。このため X 社は，既存サイトの機能を削減したかたちで，あらたなサイトを構築し，開発コストの抑制を図れるからである[8]。

　他方，商店街サイトの維持管理は，X 社にとって必ずしも収益性の高い事業とはなっていない。ウェブサイトを設ければ必ずメンテナンスが発生するが，行政の補助金が維持費用には充当できないため，X 社も可能な限り費用が安くなる提案をせざるをえないからである。このため X 社も，維持管理作業の受

託は，短期的な収益よりもむしろ，個々の商店街と長く継続的な関係を結びつつ，既成サイトのリニューアルを受注するためのステップと捉えている。

こうしたX社のビジネスモデルを端的に説明するならば，高い粗利率が保証される補助金事業を大規模商店街でまず獲得し，そこで蓄積した技術やプログラムを「使い回す」かたちで，後発の中小商店街のサイト開発を行い，事業全体の収益性を確保するというものである。こうした事業方針に対して，行政や商店街の中には批判的な声もある一方で，多くの商店街はX社のサービスを包括的なサイト支援事業として評価し，利用している。

5 商店街サイトが抱える課題

表6-6は，対象21サイトの運営担当者に，自らのサイトの課題をたずねたものであり，商店街サイトが直面する課題として，1) 商店街サイトに対する目的意識の喪失（組合員が無関心），2) 個店の情報発信能力の弱さ，3) トップページの更新頻度の低さ，4) 管理人への負担集中，の4点を指摘することができる。

目的意識の喪失については，商圏類型や加盟店舗の多寡にかかわらず，多くの商店街の意見がほぼ一致している。聞き取り調査では，「組合員は90％が無関心，5％が見ているだけ，積極的に関与しているのは5％（W5）」「組合員は無関心。商店街へのメールに対するレス（返信），メルマガ執筆などは，管理者と組合の事務職員の2人で回しているのが現実（R2）」「費用の無駄という声も商店街にはある。短期的な成果はみえない。サイトがすぐ売上に結びつくわけではない（N8）」など，厳しい状況を訴えている。

個店の情報発信能力の弱さについては，多くの商店街が個店にIDとパスワードを割り振り，個店情報の更新を促すものの，「更新する店舗は1割くらい。更新する店は自分の店独自のサイトを持っている所が多い（R4）」「経営者の高

---

8) X社によれば，2～3年前に補助金で構築したサイトにリニューアル補助金はつきにくい。このためX社では，過去の蓄積を活かして，自己資金で商店街サイトを構築しようとする中小商店街からの発注を格安で受けるようになった。たとえば，大阪市の商店街で2005年に受注したN7の場合，83万円の初期費用で契約に至っている。

表 6-6 商店街サイトを運営する上での課題

	近隣型		地域型		広域型		合計	
	実数	率	実数	率	実数	率	実数	率
組合員がウェブサイトに無関心	6	75%	2	33%	3	43%	11	52%
個店が情報を更新しない	4	50	3	50	2	29	9	43
トップページの低い更新頻度	5	63	1	17	0	0	6	29
管理人への負担集中	2	25	2	33	1	14	5	24
掲載すべきコンテンツがない	0	0	1	17	0	0	1	5
タイムリーな情報提供ができない	0	0	0	0	1	14	1	5
費用負担が重荷	1	13	0	0	0	0	1	5
商店街総数	8	100	6	100	7	100	21	100

(各サイトの運営担当者からの聞き取り調査により作成)

齢化が進み,実際に個店情報を更新できるのは10%程度(W6)」という声が示すとおり,総じて各組合の1割程度が個店情報を更新するにとどまっている。このため,一部の商店街では,FAX,電話,手書きメモなど,アナログな伝達手段で更新情報をサイトの管理担当者に伝え,管理担当者が情報更新を代行するシステムを導入している。しかし,その効果も限定的であるという。デジタルでの情報発信に不慣れな店主にとっては,アナログな伝達手段が確保されたことが,ウェブサイトを利用して情報発信を行う動機づけとはならないのであろう。

　トップページの更新頻度の低さは,むしろ経済面,技術面での制約と密接に関係する。トップページは,商店街サイトの顔であり,デザイン性を追求して作り込まれたページが多く,商店街の管理担当者が日常的な更新を行うには技術面での困難を伴う。このため,規模の大きな商店街では,トップページの定期更新を制作会社に外注するケースが多い。しかし,更新作業は補助金の対象外であるため,この方法は潤沢な資金を持つ大規模商店街に限られる。一方,規模の小さな商店街では,更新頻度の低下とアクセス数の減少という悪循環に陥りやすい。この問題を解決するため,商店街サイトのトップページに手軽に更新可能なブログ機能を埋め込み,ブログの更新によってトップページに変化を与える工夫もみられた(N8など)。管理人への負担集中の問題は,こういっ

た事情が重なるかたちで生じているといえる。

　一方，商店街サイトの管理者の多くが課題解決の切り札と期待するのは，携帯電話で受信可能なサイト（携帯サイト）の本格導入である。2008年現在，対象21サイトのうち18サイトが携帯サイトを併設しているが，制作代行業者が機械的にモバイル機能を付加しただけのウェブサイトも多く，その多くは更新されていない。逆に，モバイルサイトの導入を真剣に検討する商店街は，運用をめぐる現実的な課題に直面せざるをえない。タイムリーな情報提供，購入履歴や来店頻度など顧客の個人属性に応じた情報提供というモバイル・マーケティングの本質（恩藏ほか，2008）にてらせば，携帯サイトは個店と顧客を直結するプロモーション・ツールという性格が強い。それゆえ情報発信の主体も，PC用のウェブサイト以上に，商店街から個店へとシフトせざるをえない。すなわち，個店がタイムリーな情報更新能力を持てるか否かが携帯サイトの成否を左右するにもかかわらず，多くの商店街は，こうしたスキルをもつ個店（店主）が絶対的に不足しているのである。個店の情報発信力不足という課題は，スマートフォンの普及とともに，TwitterやFacebookなど，個人がリアルタイムで情報発信を行うメディアがコミュニケーションツールとして力を増していくことで，より顕在化していくと考えられる。

6　商店街と情報発信

　本分析では，まず，店舗数が200店を超える大規模商店街と，その他の商店街との間で，ウェブサイトの規模，情報量，初期費用および維持費用の多寡に差がみられた。このことは，単に商店数，業種の多様性，発信情報の量などの差だけでなく，初期段階における公的助成の得やすさ，振興組合としての経済基盤などの差を総合的に反映した結果といえる。総じて，大規模な商店街がコンテンツの網羅性や多様性を追求する一方，中小規模の商店街は特徴あるコンテンツに注力したサイト構成を目指すケースが多い。一方，商店街の規模や商圏類型にかかわらず，積極的な情報更新やコンテンツの改変を通じて，ウェブサイトに積極的に関与している店舗は商店街全体の5％程度にすぎず，とくに中小規模の商店街ではサイトの管理担当者に負荷が集中するケースが目立った。

また，商店街サイトでは，インターネットの長所である双方向性を無条件で担保することはできない。当初，商店街と顧客を結ぶ会話型ツールとして期待された BBS においても，悪意ある書き込みの氾濫によって，その多くが短期間のうちに閉鎖を余儀なくされたことは，その象徴的な出来事といえる。こうした状況に対して，商店街の対応は大きく二分された。1つは，双方向性を棄て，ウェブサイトを一方的な情報発信の場と割り切る対応であり，残る1つは，書き手を特定しやすいブログ機能で新たな双方向性を模索する対応である。ブログは書き手の個性を通じて「固定ファン」を育てやすく，レスを利用した双方向での情報交換も可能である。その反面，ブログは書き手のセンスや価値観を直截に伝えるため，読者（顧客）の選別に直面することも覚悟しなければならない。ブログの導入は，商店街に「個店の情報発信能力」というあらたなスキルを求めているといえる。

　一方，ツールの制約や個店の情報発信能力も含めて，商店街に期待される地域情報発信には限界も見え隠れする。地域情報発信には，「地域の情報発信」と「地域への情報発信」という2つの性格が存在する。地域の歴史・旧跡の紹介などは前者の，また地域団体へのリンクや生活情報，子育て情報などは後者の代表例であるが，限られた商圏を存立基盤とする商店街の場合，より重視される情報発信は後者である。しかし，個店の情報発信能力や発信者の数が乏しい商店街ほど，地域情報発信という補助金の交付条件を満たし，かつ高頻度でのメンテナンスが不要な「行政機関へのリンク」に依存しがちである。そうした中で，顧客のブログをウェブサイトのメインコンテンツに据えたり，商店街に対する評価が書かれた第三者のサイトを紹介したりするなどの工夫もみられる。また今日では，Twitter や Facebook を，商店街のあらたなコミュニケーションツールを導入する動きも盛んである。しかし，これらのツールも，個店の情報発信能力や商店街組織のマネジメント能力に依存する点はブログと酷似しており，ツールを活かせる商店街とそうでない商店街の分極化が進むと考えられる。

　最後に，商店街サイトの普及に補助金が果たした役割は非常に大きい。もとより補助金は，初期投資の一部を負担するのみであり，維持費用には充当できない。このため，規模が小さく，組合の経済基盤が脆弱な商店街は，補助金が

交付されたとしても，維持費用の点から機能が限定されたサイトを目指さざるをえなかった．また，公的な補助金は，地域情報発信が交付条件となるため，交付を受けた商店街は，コンテンツ・ミックスに一定の制約を受けることになった．その一方で，2000 年代初頭に，まとまった数の商店街が市の補助金の対象となったことは，大阪市における商店街サイトの普及を強く後押しした．また，X 社のような制作代行業者に一定の粗利を保証し，時期的に先行した大規模商店街のサイトで情報発信の試行錯誤を繰り返したことが，後発の商店街サイトへの技術移転に結びついたことも無視はできないであろう．

【文　献】

大阪商店街振興組合連合会　大阪の商店街〈http://www.mydo.or.jp/list.html（最終閲覧日：2014 年 5 月 2 日）〉

恩藏直人・及川直彦・藤田明久（2008）．モバイル・マーケティング　日本経済新聞出版社

黒須靖史（1999）．ホームページの活用による商店街活性化　企業診断 **46**(11), 44-50.

全国商店街振興組合連合会　商店街にぎわいプラザ〈http://www.syoutengai.or.jp/（最終閲覧日：2014 年 4 月 28 日）〉

総務省（2013）．情報通信白書（平成 25 年度版）

中川雅人（2004）．地域商店街との連携によるホームページ制作に関する考察　中部学院大学短期大学部研究紀要 **5**, 109-116.

中村雅子（2002）．情報化のプロセスを捉えなおす―地域コミュニティ活性化に向けた商店街のインターネット利用の試み　武蔵工業大学環境情報学部情報メディアセンタージャーナル **3**, 24-34.

那須幸雄（1999）．商店街のインターネット利用について―新しい広告媒体としてのバーチャルモール　広告科学 **39**, 177-182.

松島桂樹・杉田恒三・今尾真一・白木良幸（1999）．商店街の活性化とインターネットの活用　地域経済（岐阜経済大学）**19**, 23-43.

柳田義継（2007）．ブログツールを活用した商店街 Web サイトの構築と有効性　横浜経営研究 **28**(2), 117-135.

第7章
医療分野における ICT の利用

　高齢化に伴って糖尿病や高血圧症といった長期ケアのニーズが増える一方，医療技術はますます高度で専門的になっている。そのため，一つの医療機関がすべての医療サービスを提供するのは難しくなっている。今後，コストをおさえながら公平な医療を提供するためには，病院での入院治療だけでなく，診療所や介護施設など，患者の症状に合わせてさまざまな施設が連携して必要な医療を提供することが求められる。

　地域医療連携システムは患者の情報を施設間で共有するうえで欠かせないが，その普及状況をみると，地域の特性をふまえて不均一になっている。では，地域医療連携システムはどこでどれくらい普及しているのか。普及が進む地域ではどのような経緯をたどって普及したのか。本章は地域医療連携システムの普及動向を把握するとともに，北海道道南地域を例に普及プロセスを検討する。そのうえで超高齢社会を迎える日本においてインターネットを活用した医療供給のあり方を展望したい。

1 医療分野における ICT 利用

1) 医療における ICT の定義

　日本の医療分野における ICT の導入は世界的にみても早かった。1960 年代に診療報酬を計算するための医事会計システム，1980 年代に検査指示，処置内容，薬剤処方など治療に関する必要な情報を院内で共有する，オーダリング・システムが開発・導入されてきた（高林, 2003）。

本章が対象とするICTは，2000年代に導入された医師の診療録自体を電子化する電子カルテを指す。電子カルテは必要な時にすぐに診療情報にアクセスできる，自動的に情報が整理されて表示されるため，必要な情報が探しやすく見逃しを減らせる，といったメリットがある。複数の医療機関が電子カルテ上の患者情報を相互に利用すれば，患者の病状に応じた治療の分担が可能となり，医師の負担を軽減すると同時に適切な医療を提供しうる。

2）ICTの利用に向けた施策

　日本の医療供給体制は，大病院を中核にして疾病の重症度に応じて，1次から3次まで医療サービスを区分し，それぞれに対応した医療圏のスケールを市町村，二次医療圏，都道府県に設定している。各都道府県は医療従事者や医療施設といった医療資源の最適な配分のための地域医療計画を実行している。しかし，医師が不足している地域において，一部の医療機関に患者が集中し，医師の負担がさらに増すという悪循環が生じている。

　そこで，政府はそれぞれの医療機関の機能を明確にし，医療資源を活用した医療情報ネットワークの構築を検討している。2007年4月に施行された第5次医療法改正では，医療計画の見直し等による医療機能の分化・連携の推進が盛り込まれ，地域医療連携での体制等が見直された。また，2009年度以降，厚生労働省は都道府県が策定・実施する地域医療再生計画に地域医療再生基金を交付した。これを受けて，患者が必要な医療サービスを受けるために必要な健康情報や診療情報を共有する基盤として，ICTの活用が進むことが期待されている（IT戦略本部医療評価委員会, 2010）。

　日本以外の先進国における医療へのICT利用動向をみると，電子カルテの導入は電子的な医療情報を個人が長期にわたって活用するための国家的施策となっている（山本, 2010）。しかし，電子カルテ化はその国の医療を取り巻く社会構造や制度，医療情報のプライバシーに対する考え方などに大きく影響を受けるため，政府主導による画一的な運用から，個々の医療機関に合わせて独自に開発された電子カルテの相互運用まで多様な形態をとる（岸田, 2011）。

　一方，日本において，1999年，厚生省（現・厚生労働省）が診療録の電子媒体による保存を認める通達を発表したことをきっかけに電子カルテの開発が進

んだ。その後，2001年に厚生労働省が公表した「保健医療分野の情報化にむけてのグランドデザイン」に従って，2002年から2003年にかけて約250施設の病院に電子カルテが整備されたことが，本格的に電子カルテが普及するきっかけとなった。しかし，日本における地域医療連携システムは，システムごとにデータの共有方式や参加者の範囲などに相違がみられるとともに，一部の地域に偏在している。その原因として，診療所における電子カルテの普及の遅れ，診療情報を統合するために必要な標準規格の不在，診療情報を共有するためのインセンティブの欠如があげられる（吉原，2011）。2000年代以降，国によって標準化された用語・コードのマスター構築やデータ交換規格の標準化などの基盤整備が一部進められているものの，いまだ完全な標準化には至っていない。結果として，基幹病院やNPOなどによる地域医療連携システムが各地で自発的に構築されているのが現状である。

3）ICTの普及にみる空間的特徴

本節では，エム・イー振興協会『電子カルテ＆PACS白書2011～2012』の病院情報システム導入施設一覧をもとに，日本の都道府県別に医療ICT普及の空間的特徴を明らかにしよう。図7-1は都道府県別にみた電子カルテ導入済み病院数とその導入率を示している。導入病院数，導入率には都道府県間に地域差がみられる。導入病院数は，東京，大阪，愛知の三大都市圏で多く，人口規模と相関が高い。

しかし，導入率をみると，島根，鳥取，秋田，長野，三重などで25％を超える高い値を示す一方，栃木，鹿児島，佐賀，宮崎，奈良などは10％未満と低い。電子カルテ市場は，富士通，ソフトウェア・サービス，NEC，CSIの大手ベンダー4社による寡占市場を形成している。富士通は多くの都道府県で首位となっているが，宮城，山形，山梨，沖縄ではソフトウェア・サービス，岩手，秋田，群馬，静岡，鹿児島ではNEC，三重ではCSIが首位であるなど，都道府県によってベンダーのシェアに地理的差異がみられる。特定のベンダーのシェアが高まる理由として，県立病院や私立の系列病院が同じベンダーの電子カルテを導入する傾向があることが考えられる。

2011年1月に日経BPコンサルティングが全国の病院に対して行ったアン

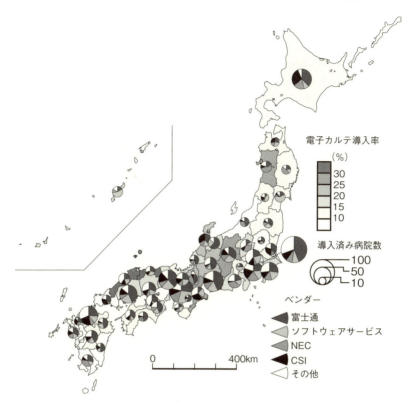

図7-1 都道府県別にみた電子カルテ導入率と電子カルテ導入済み病院の分布
(エム・イー振興協会『電子カルテ & PACS 白書 2011 〜 2012』より作成)

ケート調査によると,ICT を活用した地域医療連携システムをすでに構築,運用している診療所は 6.7%,100 床未満の病院で 8.1% と低い一方,中規模病院 (100 〜 399 床) で 10.4%,400 床以上の病院で 17.5% と,大規模な病院からシステム導入が進んでいる。

2 地域医療連携システムの普及プロセス

1) 地域医療連携システムの概要

診療所の電子カルテの普及が進んでいないことから,2000 年代にモデル事業

として開始された地域医療連携システムは，地域の基幹病院で稼働している電子カルテを，地域の医療機関が共有するウェブ公開型が多かった（中村，2009）。近年では，①データセンター型，②ウェブ公開型，③データリンク型と複数の方式が存在する。

　第1のデータセンター型は，データセンターで診療情報を集約し，そのデータを連携先の医療機関で活用する方式である。第2のウェブ公開型は，中核病院の電子カルテシステムに他の病院が参画することで，中核病院の診療情報をウェブ上で閲覧する方式である。第3のデータリンク型は，各機関が保有する独立したシステムを標準インターフェースで連携する方式で，サービスセンターで診療情報の所在を管理し，表示データを連携先機関が参照するものである。データリンク型は，あらたにデータセンターを構築する費用をかけずに低コスト運用が可能である。また，他社の電子カルテを導入する病院と連携することで，複数の病院に分散する患者の診療データをまとめて表示できることから，急速に普及している。

　日本で初めて汎用パッケージとしてのデータリンク型地域医療連携システムを開発したのは，NECとCSIである。両社は診療情報を共有するため，後述するID-Linkという地域医療連携ネットワークに加えて，両社の電子カルテシステム，診療情報を公開するための専用サーバーを組み合わせた地域医療連携システムとして，2009年7月に販売を開始した。続いて富士通がHuman Bridgeを2011年5月から提供している。近年ではNTT東日本が光タイムラインを2012年7月から販売開始している。

　こうしたシステムの機能は，異なるベンダーが開発した電子カルテを共有することができる点で共通しており，いずれも似通っている。それにもかかわらず，各ベンダーは，自社開発した電子カルテを地域医療連携システムに接続する費用については抑える一方で，他社開発の電子カルテを地域医療連携システムに接続する費用を高くするなどして，既存顧客を囲い込むための手段として地域医療連携システムを利用している。

2）ID-Linkの構築の背景

　ここで地域医療連携システムの事例として，データリンク型の1つ，ID-Link

の普及プロセスを検討しよう[1]。ID-Link が最初に導入された北海道函館市は，北海道に6圏域存在する三次医療圏の1つ，道南医療圏に属している。道南医療圏には，長万部以南に 47 万人が居住している。入院の二次医療圏内自給率は全道の加重平均で 88.8％，通院の自給率は 95.1％となっている（図 7-2）。通院可能な医療機関が全道に分布するのに対して，入院施設を有する医療機関は全市町村に立地していないため，入院自給率は通院自給率よりも低い数値を示す。患者は札幌市，旭川市，函館市など医療施設が整備された都市部に集まっている。とくに道内各地から札幌市に患者が集中していることがみてとれる。

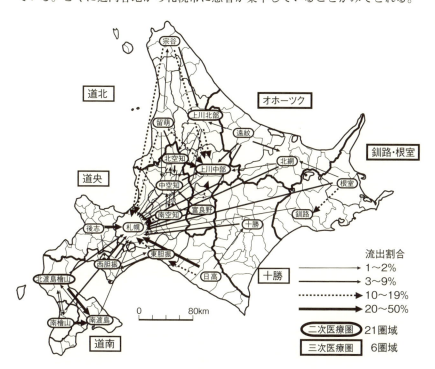

図 7-2　二次医療圏別にみた入院受療動向
（北海道「北海道医療計画」より作成）

---

1) 北海道道南地域における先進事例の実態調査については，2012 年 5 月，7 月および 9 月にシステム開発者や構築主体である病院担当者に対して行ったヒアリングをもとに地域医療連携システムの普及プロセスを明らかにした。

函館市（南渡島）についても，道南医療圏内の各地域から患者が流入していることがわかる。さらに，三次医療圏を超えて青森県大間町からフェリーで1時間半をかけて市立函館病院（北海道函館市）を受診する患者もおり，道南医療圏は道外からの患者も受け入れている（市立函館病院への聞き取り調査）。

函館市は2004年に戸井町，恵山町，椴法華村，南茅部町の編入合併によって，市域を拡大した。これによって，函館市はすでに運営している市立函館病院に加えて，あらたな市立病院として旧恵山町および旧南茅部町に立地している2病院の運営を担うこと，となった。地方経済が悪化し財政がひっ迫する中で，函館市は市立3病院の経営効率を改善することが求められていたという。一方，道南医療圏においては，緊急で重い症状の患者に対して入院や手術などを行う急性期医療を担う医療機関が函館市内に集中しており，市外の患者の多くが同市内の病院に依存している。そのため，急性期病院に入院した患者が治療後に納得して地元に帰るには，病気が治りつつある回復期に医療機関における継続的な診療が必要であった。市立函館病院は高度急性期医療を担っている道南医療圏で唯一の病院であり，急性期医療を施した患者に対して，回復期病院・在宅医療へと即座に転換するため，患者情報を共有する仕組みが必要であった。こうした地域の事情が市立函館病院によるID-Linkの導入の背景にあった。

3）ID-Linkの構築プロセス

ID-Linkは，情報サービス業の（株）エスイーシー（北海道函館市）が日鋼記念病院（北海道室蘭市）向けに試作品を開発したことに始まる。同事業は厚生労働省の平成15年度地域診療情報連携事業に採択されたことをきっかけに，エスイーシーの開発担当者が連携システムを開発した。

この開発担当者は，1998年〜2000年にかけて，市立函館病院にオーダリング・システムを導入した経緯から，市立函館病院（北海道函館市）の副院長とも親交があった。一方，当時の院長は，2007年に同病院を退職し，民間の高橋病院に転職した。これに伴って，同院長が診療していた患者を引き続き転院先の高橋病院で診察するために，市立函館病院の診療履歴を共有しなければならなくなった。

また，高橋病院は2006年11月以降，函館市内で最初に回復期病院に特化し，120床のうち，60床を療養病床に転換した。回復期においては，急性期医療における認知症やせん妄[2]の有無といった診察結果をあらかじめ知ることでスムーズに治療を行うことができる。そこで，高橋病院理事長は2006年9月に地域医療連携システムの構築による連携を市立函館病院に申し出た。これを受けて，市立函館病院副院長はID-Linkの開発をエスイーシーの開発担当者に依頼し，ID-Linkのプロトタイプが開発されることになった。

2007年4月からID-Linkのテスト運用が開始された後，2008年1月，システムの運営主体として，任意団体の道南地域医療連携協議会が設立された。2008年4月，地域医療連携システムは「道南MedIka」として，正式に稼働を開始した。同協議会への参加機関を募集するにあたって，市立函館病院副院長が直接，病院に参加を呼びかけた結果，46施設が参加することになった。ただ，函館市内には複数の地域医療連携システムがすでに稼働していることから，医師会の協力は得られなかった。また，函館市等の自治体は直接にはID-Linkの構築や普及への取組みには関わっていない。

道南MedIkaにおいて，各医療機関の電子カルテやオーダリング・システムの患者IDは，連携サーバーのIDと関連づけるかたちで管理されている。各医療機関は自施設の患者IDを把握していれば，その患者に関する他の医療機関の情報を閲覧することができる。参加医療機関は，各医療施設内の専用サーバーに格納された診療情報を，同社のサービスセンターを経由して閲覧する。NECおよびCSIが，複数の医療施設の電子カルテや医用画像などの診療情報を相互に共有できるようにしている。参加医療機関はその形態から，以下の2種類に分かれる。一方は情報公開施設であり，自施設の電子カルテをID-Linkと接続して診療情報を公開する医療施設である。他方は情報閲覧施設で，公開された他の施設の診療情報を閲覧する医療施設である。

参加機関が閲覧可能な情報は，開始当初，転科や退院時の要約，CTやMRIなどの画像情報，オーダリング（処方，注射，検査）情報であったが，回復期

---

2) せん妄とは軽度の意識障害の一種で，認知機能が低下することによって，幻覚や錯覚，妄想や興奮，徘徊などの精神症状や行動障害を伴う。

病院や介護施設などの加入が増えたことで，画像読影所見や緩和ケア相談依頼，緩和ケアチーム報告書などが追加された。

ID-Link は 2008 年 6 月，u-Japan 政策の一環として総務省が ICT 利活用の優れた事例に授与する u-Japan ベストプラクティス 2008 大賞を受賞した。また，2008 年度に，総務省の「地域 ICT 利活用モデル構築事業」にも採択された。

4) ID-Link の普及プロセス

道南地域医療連携協議会は，設立当初は任意団体であったが，2011 年 9 月に NPO 法人格を取得した。2012 年 5 月現在の情報公開施設は，2008 年 8 月の 2 施設から 7 施設へ，閲覧可能施設は，同期間に 29 施設から 61 施設へ増加するとともに，医療機関だけではなく，調剤薬局や居宅介護支援事業所，訪問リハビリステーションへと幅広い関連分野からの参加がみられるようになった（表 7-1）。

図 7-3 は市立函館病院とその他の医療機関との連携の推移を示している。2007 年 4 月から 2012 年 5 月までの登録患者数は全体で 4,305 人であった。2007 年の道南 MedIka の試験的な稼働当初は，市立函館病院からの患者を引き継いだ単一の病院との連携が中心であった。しかし，2008 年の正式な稼働後，この病院との連携数は次第に減少する一方，連携先の医療機関数や介護関連施設数は時間の経過とともに増加している。ただ，1 回から数回しか連携してい

表 7-1　協議会入会施設数の推移（2008-2012 年）

	2008 年 8 月	2010 年 2 月	2012 年 8 月
総数	46	60	86
情報提供施設	2	7	8
閲覧可能施設	29	33	67
医療機関	39	47	61
保健所	2	2	2
老健施設	1	4	1
介護支援施設	2	4	11
訪問看護ステーション	2	3	7
薬局	0	0	4

（道南地域医療連携協議会ウェブサイトより作成）

ない医療機関も多く，現在では回復期にあたるサービスを提供する4施設を中心とした連携が多くなっている。

これら市立函館病院を発地とする登録患者数が全体の8割を占め，そのうち，1,223人は高橋病院との連携によるものである。高橋病院は179床の本院を中

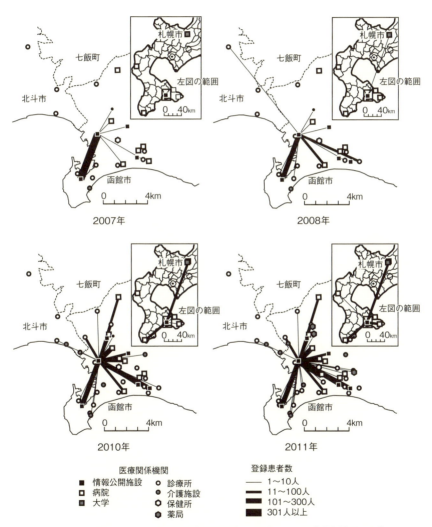

図7-3 道南Medlkaを通じて市立函館病院から紹介された医療関係機関の分布
(市立函館病院の内部資料より作成)

心に，介護老人保健施設，ケアハウス，訪問看護ステーション，訪問介護ステーション，グループホーム，認知症対応型デイサービス，居宅介護支援事業所，小規模多機能施設，認知症対応型デイサービスセンター，訪問リハビリステーションを有しており，法人グループ内の介護関連施設と情報を共有することのメリットが大きいことから，こうした施設との連携が多くなっている。

なお，ID-Link を既存の利用者のみならず，道南地域以外の全国に普及させることを目的として，2010 年から毎年全国 ID-Link 研究会が開催されている。同研究会は，導入の効果を検証するとともに，今後導入を検討している医療施設が開発ベンダーと交流する場ともなっている。こうした普及に向けた取組みもあって，2014 年 3 月現在，ID-Link は 35 都道府県 3,317 施設（ID-Link サーバー設置施設が 278 施設）と全国各地で利用されるに至っている（エスイーシー，2014）。その中には，富士通のサーバーと連携して長崎県全域で展開する「あじさいネット」，山形県酒田市を中心とした「ちょうかいネット」などが含まれる。

3 地域医療連携システムの普及メカニズム

1）普及の促進要因

地域医療連携システムが急速に普及した要因の 1 つは，その技術的特性に求められる。道南 MedIka は VPN（Virtual Private Network）接続サービスを介したインターネット回線によって，双方向の通信が行える，専用回線を導入するよりコストを抑えられる，高いセキュリティが確保できる，といった特長がある。従来の地域医療連携システムの場合，導入に億円単位の費用を要するケースがあったり，参加医療機関や患者数が増えるとともにコスト負担が増えたりすることが普及のボトルネックになっていた。しかし，道南 MedIka では，診療情報自体は各医療機関内に保存されているため，システム参加医療機関や患者数が増えてもコストの追加負担がない。

たとえば，情報公開施設の初期費用として，診療情報公開用サーバーに 1,000 万円から 1,200 万円，構築および設定に 300 万円，VPN 構築費用に 60 万円を要する。道南 MedIka が比較的低コストで運用できているがゆえに，小規模な

診療所の利用料を優遇することによって，診療所の参加を促すことができる。具体的には，情報公開施設の場合の月額利用料は2万円（一般病床数200床未満）から8万円（一般病床数300床以上），診療閲覧施設の月額利用料は無料に設定されている（NEC, 2014）。

2）普及の阻害要因

一方，地域医療連携システムの普及を阻害する要因としては，函館市内の大規模な急性期病院がそれぞれ独自の地域医療連携システムを運用しており，相互に互換性がないことがあげられる。急性期病院は函館市内に7施設立地しており，中でも市立函館病院，函館中央病院，函館五稜郭病院の病床数は500床以上と大規模で，月に1,000人弱の患者を診療する（図7-4）。上記3病院のうち，市立函館病院はID-Linkを運用する一方，函館中央病院はCネット，函館五稜郭病院はGネットというそれぞれ病院独自のシステムを運用しており，システムどうしの互換性はない。また，システムごとに対応可能なブラウザのバージョンが異なっている。とくにGネットはシステム導入以前に患者の紹介の実績がある医療機関に限定して，情報伝達力を強化するために利用されている。そのため，あるシステムを利用する医療機関が他のシステムを利用する医療機関と診療情報を共有することは難しい。

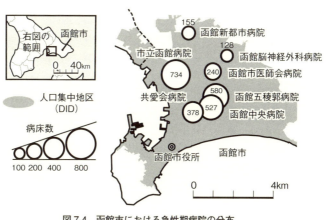

図7-4　函館市における急性期病院の分布
（各病院のウェブサイトより作成）

例外的に，市立函館病院と函館五稜郭病院の間で異なるシステムが相互に利用されている．道南 MedIka を利用する市立函館病院には，がん検査を行うための PET（Positron Emission Tomography）装置が設置されていないが，函館五稜郭病院には設置されている．そこで，市立函館病院を受診した患者がPET 検査を行う際には，同病院で行った検査情報は MedIka を介して函館五稜郭病院に送られる．その一方，放射線治療のデータは G ネットを通じて，函館五稜郭病院から市立函館病院に送信される．したがって，複数の地域医療連携システムに参加して，データの内容によってシステムの使い分けをしなければ，両病院はお互いの情報を共有することはできない，という問題が存在する．

さらに，あらゆる地域医療連携システムに共通した普及阻害要因の1つとして，臨床結果等の科学的根拠を含めた費用対効果を検証しにくいことがあげられる．

道南 MedIka では，効果を示すための定量的データとして，急性期病院における在院日数の短縮，回復期医療施設への紹介患者の増加などが確認されている．国はそれぞれの医療機関における機能の役割分担と連携によって，患者の生活の質（QOL）の向上，医師不足の解消と医療費削減の効果を期待している．実際に，実証実験において，検査の無駄を省くことで患者の負担や医療費の削減につながると試算された[3]．システムを利用する医師は，他機関の診療履歴の正確な把握が無駄のない効率的な医療の提供につながっていると感じているというが，現状ではそれがシステム導入による効果なのか，それ以外の取組みによる効果なのか判別することは困難である．また，こうした効果が確認されたとしても，地域医療連携システムに期待する効果と実際得られるメリットは，システムの運用方法や活用の仕方によって異なる．そのため，同様のシステムを他の地域に導入したからといって，同じ効果が得られるとは限らない．

さらに，実際には，患者の満足度の向上，薬剤の重複投与のチェック，正確な患者情報の把握による安全性の確保，診療内容を開示しなければならないことによる医療行為の適正化など，定量的データにしにくい，定性的な効果も大

---

[3] 実証実験に基づく試算によると，投薬，検査，画像撮影の重複防止によって，最小でも患者1人の転入院1回につき 3,610 円の医療費削減の効果が見込まれた．

きいと考えられる。このように地域医療連携システムを導入することによる費用対効果を精確に予測あるいは測定できないことが，システムの普及を阻害する要因の1つになっているといえよう。

3）医療供給体制の変化と今後の課題

　ICT導入以前は個々の医療機関内で患者の治療をすべて完結させる病院完結型医療が基本であった。しかし，市立函館病院は，市町村合併による市立3病院の統括運営に伴って，より効率的な事業運営が求められたため，経営効率の改善を目的としてICTを導入した。ICTの導入後における医療供給体制においては，病院の入院機能のみならず，診療所の外来機能，介護施設のケア機能に至る，さまざまな施設が連携する医療ネットワークが形成され，そのネットワーク内で患者情報が共有された。連携先の医療機関には，地域医療連携システムを積極的に利用する参加機関と，そうでない参加機関に分かれる。ただ，同じ医療圏内に異なるベンダーが開発した地域医療連携システムが共存しており，それぞれのシステムは相互接続することができないため，情報は共有されない。また，いずれのシステムにも属していない医療機関が存在している。こうした医療機関は中核病院から遠い場合や，隣接する二次医療圏と近いために圏外の医療機関と連携する医療機関などが想定される。

　こうして現在，複数の地域医療連携システムが併存するとともに，それぞれのシステムを通じた系列化によって利用者が飛地状に点在している。その要因として政府の標準化への対応不足，自治体や医師会などの支援の欠如，市場原理によるベンダー間競争，医師間の人的関係などが指摘できる。したがって，限られた医療資源を効率的に活用することを目的として地域医療連携システムが構築されても，その活用の巧拙によって，システムの利便性を享受できる患者とそうでない患者とに，医療アクセスにおけるあらたな格差が生まれる可能性がある。

　こうした格差を生じさせないための課題として，今後連携が望まれる主体間の関係は以下の3点に整理できる。第1に，従来のシステム構築主体である病院間の競合関係を超え，共生の考えに基づいてシステム間の互換性を確保することである。第2に，地元自治体である北海道や函館市などとの協業によって，

利用者の拡大を図ることである。第3に，地域医師会の支援によって診療所の参加率を高めることである。

4 ICT は医療に何をもたらすのか

　病院を中心とした医療体制はこれまで，疾病の重症度やタイプに関わらず，すべての患者を受け入れることで，医療を受ける機会を担保してきた。病院で死亡する人は8割と，ここ10年間は高止まりしているが，今後，急増する高齢者数に合わせて病院を増やすことは財政状況や医師確保の点から難しい。そこで，地域医療連携システムは，情報の共有化によって症状の落ち着いた高齢者にスムーズな在宅や転院を促すといった，医療供給のあり方を根本から変えるインフラとしての機能が期待されている。

　しかし，現状では，異なるベンダーによる複数のシステムが相互接続することなく，一部の組織や団体による権限拡大のための手段として用いられるケースが少なからず存在する。これと似た状況は，電子商取引においてすでにみられる。顧客の購買履歴はマーケティングに欠かせない情報であり，最終消費者に近い通販サイト運営会社にとって仕入れ先に対するパワーの源泉となっている。インターネットは顧客情報を収集するための強力な媒体として機能しているのである。これと同様にして，大病院の持つ膨大な患者の診療情報を梃にして自院の経営に有利な系列化を進めていくことも可能である。

　また，非営利性を原則とする医療機関であるが，費用対効果が期待できないと判断されれば，地域医療連携システムへの参加が見送られ，インフラ機能が十分に発揮されない可能性もある。とくに，公立病院の役割が大きいへき地や離島の多くは，システム導入の必要性が大きいにもかかわらず，補助金がなければ継続的な運用が難しい状況である。このように，地域医療連携システムの運用のあり方が，地域の自発性に任されている以上，普及の程度は各医療関連施設の経営判断に大きく影響される。したがって，システム運用をめぐるガバナンスの問題は，依然として地域医療連携システムの構築と普及におけるクリアすべき課題となっている。また，地域医療連携が積極的に進む施設間の関係はさらに強化され，そうでない施設間の関係は弱体化あるいは断絶されるとい

う，社会関係の二極化が進むことが予想される。

　医療関連施設の経営行動に基づいた医療サービス供給は，結果として，医療ニーズとのミスマッチを拡大させる可能性をはらんでいる。患者中心の医療を目指すならば，患者が住む地域によらず低コストで医療サービスを受ける機会が担保されることが条件となる。インターネットの利用可能性は，個々の医療関連施設における経営安定化という視点のみならず，国民皆保険制度のもとで提供されるがゆえの，医療の公共性をふまえて論じられるべきであろう。インターネットの特性を生かして，「施設から地域へ」という国のスローガンに沿うかたちで，いかにして地域の医療ニーズに柔軟に適応した医療サービスを提供することができるか。超高齢社会を迎えた日本において，ICTを活用して地域の実情に合った地域医療連携を実現するということは，社会保障のあり方を問いなおす作業そのものといっても過言ではない。

【文　献】

エスイーシー（2014）．ID-Link Data.〈http://www.mykarte.org/idlink/pdf/introduction_results_20140331.pdf（最終閲覧日：2014年4月29日）〉

岸田伸幸（2011）．医療保障制度と医療情報ネットワーク化状況の国際比較　海外社会保障研究 **177**, 65-76.

高林茂樹（2003）．医療情報ネットワークシステムについての一考察　埼玉女子短期大学研究紀要 **14**, 55-66.

中村　努（2009）．地域医療情報ネットワークにおける情報技術の構築と受容過程　経済地理学年報 **55**, 150-167.

山本隆一（2010）．EHRが変える保健医療―諸外国の取り組みと我が国への示唆　海外社会保障研究 **172**, 31-41.

吉原博幸（2011）．世界と日本におけるEHR（The Electronic Health Record）の現状と問題点　臨牀透析 **27**(3), 13-22.

IT戦略本部医療評価委員会（2010）．地域医療再生基金におけるIT活用による地域医療連携について〈http://www.mhlw.go.jp/shingi/2010/01/dl/s0125-9a.pdf（最終閲覧日：2014年5月4日）〉

NEC（2014）．ID-Link.〈http://jpn.nec.com/medsq/solution/id-link/images/idlinkkakaku201402.pdf（最終閲覧日：2014年4月30日）〉

第Ⅲ部
生活者のインターネット利用とオンライン・コミュニティ

第8章
子育て世帯の「情報戦争」と
インターネット

　育児ネットワークが変化し「母親の孤立」が問題化するなか，インターネットは育児情報の提供メディアや親どうしのネットワーキングの場として注目されてきた。また，1990年代以降，少子化対策と子育て支援拡充の流れの中で進められてきた保育の規制緩和によって，即時的かつ豊富な育児情報が重要性を増している。とくに，大都市圏では，親族サポートの乏しさから友人等の育児ネットワークが不可欠であるのに加え，慢性的な公的保育サービスの不足（待機児童問題）と，民間活用に伴う多様な保育サービス供給を背景に，インターネットを含むさまざまな情報源から育児情報を獲得しなくてはならない状況が生じている。本章では，東京圏の子育て世帯を対象とした実態調査をもとに，インターネット利用の現状とその役割，オンライン・コミュニティと現実社会との関係性を検討したい。

1　育児サポートと情報利用

　「これはもう情報戦争だと思うんです。できるだけ早く効率よく，大事な情報を得ること。そのためにはネットも使うし，友達もできるだけ多い方がいい。そうしなきゃ，子育てなんかできませんから」。この言葉を聞いたのは数年前，東京都内で子育て世帯に保育利用の聞き取り調査をしていた時のこと。何気ない会話の中の一言であった。「戦争」という言葉の強さとは対照的に，淡々とした調子で話すインフォーマントの様子は，そのことが彼女の周囲で「あたり前」の状況になっていることをうかがわせた。育児を取り巻く情報やネットワ

ーク，そこにアクセスするための情報ツールの重要性が，従来にも増して大きくなっているのではないかと考えはじめたきっかけであった。

　近代化以降，親が頼ることのできる育児サポートやネットワークは変容してきた。核家族化の進展や子ども数の減少，住宅環境や地域コミュニティの変化によって，育児責任は家庭に集中するようになった（Coontz, 1997）。なかでも，家庭内で育児を中心的に担う母親は地域の育児ネットワークから孤立し，十分なサポートを得られないままに育児ストレスを抱える問題が生じている（松田，2008 など）。こうした母親の孤立に対し，インターネットの有効性が注目されている。携帯電話等の新しい情報ツールやインターネット掲示板は，母親どうしのネットワーキングや地域情報提供の役割を果たし，インターネット上の連帯は，地理的に隔絶した女性たちをつなぎ，現実社会における地域コミュニティを補完・代替する可能性を持つ（Drentea & Moren-Cross, 2005；Miyata, 2008 など）。

　それに加え，子育て支援をめぐる近年の日本における環境変化は，育児情報の意味あいや取得行動に影響を及ぼしている。日本の保育供給では，戦後，国や都道府県の認可を受けた認可保育所（公的保育所）が中心的な役割を担ってきたが，1990 年代以降に深刻化した公的保育の不足（保育所待機児童問題）を背景に規制緩和が進められ，民間サービスを含む多様な主体による保育供給が可能となりつつある。たとえば，認可保育所設置にかかる主体制限の撤廃や，待機児童問題が深刻な自治体における認可外保育所への助成制度（東京都の「認証保育所」や横浜市の「横浜保育室」）などがこれにあたる。このような保育供給の多元化は，公的サービスのみでは充足しきれない福祉ニーズを満たし，柔軟なサービス供給を実現するうえで合理的である。しかし，福祉サービス供給の一部または全体が市場化される場合，利用者側がサービス内容や質を十分に知ることができず，供給側と利用側の「情報の非対称性」による不安感から，利用が抑制されたり料金が高騰したりするなどの「市場の失敗」が生じることがある（エスピン＝アンデルセン，2011 など）。とくに公的保育が不足し他のサポート資源やネットワークに依存せざるをえない大都市圏の子育て世帯は，多様な保育サービスに関する情報を主体的に獲得しなくてはならない状況にある。

以上の問題意識から、本章では、大都市圏の子育て世帯の育児情報取得や育児ネットワークへのアクセスにおいて、インターネットがどのように利用されているかを明らかにし、あらたな情報ツールやオンライン・コミュニティがいかなる役割を果たしているかを検討したい。

2　育児情報取得とネットワーク参加におけるインターネット利用

　この節では、おもに東京圏の専業主婦を中心とした子育て世帯のインターネット利用について、奈良県での調査結果と比較しながら検討する。ウェブ・アンケートは2012年8月に行われ、対象として東京都・千葉県・埼玉県・神奈川県に住む未就学児の母親206サンプルをネット調査会社の登録会員から無作為に抽出した（以下、東京調査）。回答者の平均年齢は34.2歳、核家族世帯がほとんどで（199世帯）、いわゆる専業主婦世帯（妻が無職）が7割を占める。なお、以下の分析では、東京調査との比較のために、奈良県で実施したアンケート調査（以下、奈良調査）の結果を適宜参照する。奈良調査は2013年2月に実施され、東京調査と同じ調査手法と質問項目を用いた。回答世帯は206サンプルで、平均年齢35.2歳、専業主婦の核家族世帯が多い。

1）育児情報とコミュニケーション・ツール

　育児期の母親へのサポートは、託児や保育、送迎、家事等に代表される「道具的サポート」と、相談や雑談を通じた助言・共感等に代表される「情緒的サポート」とに大別される。一般的に、道具的サポートは保育所や幼稚園などの制度化・専門化したサポート資源や親族から与えられ、情緒的サポートは親族や友人から与えられる場合が多い（松田，2008）。

　まず、情緒的サポートの与え手と交流時のコミュニケーション・ツールを確認しておく。情緒的サポートの与え手としては、妻の親や友人が重要な役割を果たしている。育児に関する不満や不安を聞いてほしい時の話し相手として、「ママ友」（子育て中の友人）（66.5％）や「妻の親」（62.6％）がもっとも多く、会話やメールのやりとりをするなどの交流を週1回以上行う、という回答が半数以上を占めた。さらに、ママ友以外の友人も、交流頻度は少ないものの（「月1

回以下」56.6%），不安や不満を聞いてくれる相手として26.2%が選択しており，「保健師などの専門家」や「その他親族」を上回っている。交流時のコミュニケーション・ツールをみると，ママ友や妻の親では，「会って話す」（対面接触）がもっとも多く，それぞれ79.1%，71.8%を占める。ただし，それに続く回答では交流相手によって違いがみられ，ママ友の場合には「携帯メール」（61.7%），妻の親の場合には「電話」（68.4%）であった。他方，「ママ友以外の友人」（職場や学校時代のもっとも親しい友人）では，携帯メールが67.0%と，対面接触53.9%を上回っている。これは，子の有無や年齢，就業・婚姻状態やライフスタイルが異なる場合，生活時間や相手への気遣いといった理由から直接会う場や機会をもちづらくなるためであろう。以上の傾向は，奈良調査でも同様であった。

　では，託児や保育に関する施設利用などの道具的サポートにつながる情報取得には，どのような方法がとられているだろうか。図8-1に，東京調査と奈良調査の結果をそれぞれ示した。まず，東京圏をみると，友人との対面接触に続き，インターネットが情報源として大きな役割を果たしていることがわかる。保育園や幼稚園を選ぶための情報収集では，「ママ友と直接会って質問や相談」

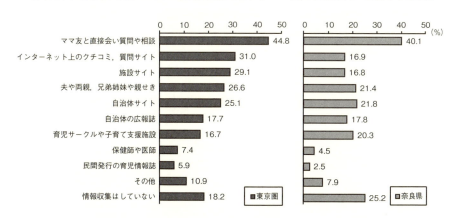

図8-1　地域の保育所・幼稚園に関する情報源（複数回答）（アンケート調査により作成）
「インターネット上のクチコミ，質問サイト」は「インターネット掲示板やブログ，SNSのクチコミを参考にした」および「インターネット掲示板等で質問や相談をした」を，「施設サイト」は「施設ウェブサイトを閲覧した」を，「育児サークルや子育て支援施設」は「育児サークルや子育て支援施設に出かけていき情報を収集した」を，「民間発行の育児情報誌」は「育児サークルやNPO，民間企業が発行する育児情報誌を参考にした」を，それぞれ略記。

がもっとも多く（44.8％），続いて「インターネット掲示板やブログ，SNSのクチコミを参考にした」（31.0％），「施設ウェブサイトを閲覧した」（29.1％）といったネット上の情報源が選択されている。一般に，これらのウェブサイトや掲示板（以下，BBS），ブログやSNSは，情報の新しさの点で，自治体広報誌や民間発行の情報誌等に比べて優れているほか，冊子等に掲載されにくい利用者の感想やクチコミといったインフォーマルな情報も豊富である。

これに対し，奈良調査では，ネット上のクチコミやウェブサイトによる情報収集が東京調査よりも少なく，「育児サークルや子育て支援施設」（20.3％）がやや高い傾向があるほか，そもそも「情報収集はしていない」（25.2％）といった回答が目立つ。こうした違いが生じる要因の1つとして，保育施設の供給における民間施設のシェアの違いが考えられる。たとえば，2013年度における東京都の認可外保育所は，東京都認証保育所を含め1,482カ所で，奈良県の110カ所（うち奈良市55カ所）に対し，13.5倍の施設数であり，人口規模（東京都人口は奈良県の9.5倍）と比較しても多い。前述のとおり，認可外保育所は質や価格の面で施設間の差が生じがちで，利用者はインターネットを含む多様なツールを利用して情報収集することが求められる。また，幼稚園でも，東京圏は私立の割合が大きい。『学校基本調査』によれば，2012年の東京圏における幼稚園は2,958カ所あるが，そのうち私立幼稚園は2,512カ所と全体の84.9％を占める。それに対し，奈良県の幼稚園202カ所のうち私立幼稚園は45カ所（22.3％）にすぎない。私立幼稚園は公立幼稚園に比べ受入年齢や価格，教育理念や運営方針が多様で，入学試験を課す場合もある。東京圏の民間保育施設の豊富さが，親の積極的な情報取得行動に結びついていることが推察される。

2) SNSの利用実態

次に，SNSの利用実態についてみていく。ネット上でのユーザー間の交流はBBSにおいて早くから行われていたが，BBSでは個々のユーザーのプロフィールやその他の関心事項については知ることができない。SNSは，ユーザーの自己紹介欄や，日記機能，相互認証機能を備え，利用者は関心や属性の近いユーザーとの情報交換や交流が可能である。また，後述する「mixi」のように，特定のトピックによるコミュニケーション機能（「コミュニティ」）をもたせた

SNSもある。この節では，日本において早くからサービスを開始したmixiと，近年急激にユーザー数を拡大している「Twitter」および「Facebook」を取り上げ，子育て世帯の利用実態を把握する。

まず，東京調査と奈良調査のいずれにおいても，約半数の回答者がSNSを利用している。東京調査では53.4%が，奈良調査では49.0%が，いずれかのSNSを週1回以上利用していた。東京調査においてもっとも利用率が高いのはmixi（34.5%）で，次にFacebook（28.6%），Twitter（16.5%），その他（4.4%）と続く。他方，奈良調査ではFacebook（28.2%）がもっとも高く，mixi（20.9%），Twitter（12.6%），その他（4.9%）の順で利用されていた。また，SNSを利用していない回答者にその理由をたずねたところ，「興味がない」（東京47.9%，奈良53.3%），「ネット上の人間関係が億劫」（東京40.6%，奈良35.2%），「時間がない」（東京26.0%，奈良17.1%），「以前利用していたがやめた」（東京20.8%，奈良23.8%）といった選択肢が多く選ばれた。

それぞれのSNSはどのような目的で利用されているのか。図8-2に，各SNSの利用目的を示した。mixiの利用目的でもっとも多いのは「ママ友との交流」で，育児ネットワークの構築や維持のために利用される傾向が強い。こうした傾向は，先発SNSであるmixの仕様に慣れたユーザーが多いことに加え，mixi独自の「コミュニティ」機能によるものであると考えられる。mixiでは，地名や関心を組み合わせたキーワードでのコミュニティ検索が可能で，居住地近くのママ友を探したり，自治体の子育て支援施設の情報や評判を知りたいといった需要に対応している。2012年10月1日現在，「育児」に関するコミュニティは1,772カ所設置されており，最寄駅や学校区などの地名で検索することができる。また，これらの中には，管理者の承認を得たメンバーのみが閲覧や書き込みに参加できるコミュニティ（非公開コミュニティ）も少なくない。非公開コミュニティでは，ある程度プライバシーを守りながら育児情報をやりとりできる安心感がある（Kukimoto, 2010）。

他方，Facebookは「ママ友との交流」と同程度かそれ以上に，「ママ友以外の友人との交流」を目的に利用されている傾向があるほか，Twitterでは「育児以外の話題（社会のニュースや話題になっていることを知りたい）」が高い比率で選択されている。育児不安や育児ストレスに関する既存研究では，ママ

142 第Ⅲ部 生活者のインターネット利用とオンライン・コミュニティ

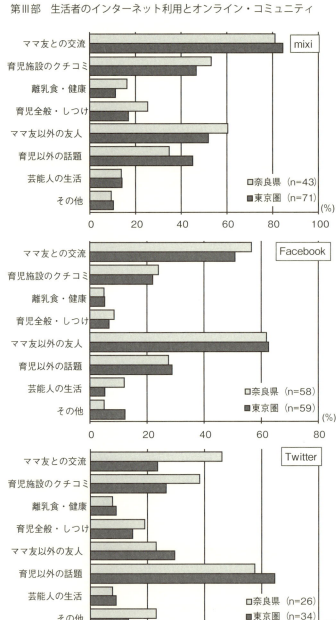

図8-2 サービス別にみた利用目的（複数回答）（アンケート調査により作成）

友との交流がサポート資源になると同時にストレス源にもなることや（宮木, 2004），多様な属性を含むネットワークへの参加が育児不安を軽減させうること（松田, 2008）が指摘されている。これらの SNS は，育児中でも育児以外のニュースやネットワークに接触していたいという欲求を満たすツールとして機能していることがうかがえる。

3 「保活」とオンライン・コミュニティ

　働く母親の保育サービス選択やネットワーキングにおいて，インターネットはどのような役割を担っているだろうか。冒頭で述べたとおり，大都市圏では保育所待機児童問題が深刻である。2013 年 4 月 1 日現在，全国で 22,741 人の待機児童が発生しており，そのうち 52.0％（11,821 人）を東京圏が占める（厚生労働省, 2013）。公的保育の代替となる民間サービス（認可外保育所）は，東京都心部を中心に多く供給されているが（久木元・小泉, 2013），質や価格の面で不安をもつ子育て世帯も少なくない。

　こうしたなか，認可保育所の入所枠を獲得するための「保活（はかつ）」が話題となっている。保護者が保育所に入所しやすい地区を探したり，入所得点を上げるために育児休業を中断して認可外保育所等の民間サービスを利用したりするといった行動は広く「保活」とよばれる。限られた期間に求める保育サービスを獲得するうえで，自宅や勤め先近くの利用可能な保育サービスの有無，料金や時間，保育内容やスタッフの数といった育児情報に加え，認可保育所の入所要件などの制度的な知識を得ることはきわめて重要である。

　しかし，保育所の質や入園方法，定員や空き情報など，子どもを預けるにあたって必要な情報が十分に与えられているとはいえない。東京都社会福祉協議会（2011）が東京都の育児世帯を対象に行った調査によれば，認可保育所と認証保育所のいずれにおいても，「園の評判」はもっとも不足している情報である。とくに，認証保育所では他の選択肢に比べ突出して多く，保育の質に対する関心が高いことがわかる。また，認可保育所では，「入園の決定方法」が 2 番目に多く選択されている。これは，認可保育所の入所選抜方式の煩雑さに起因している。入所世帯は所得や就労状況，家族構成等の条件から算出された入所得

点と優先順位をもとに決定されるが，判断材料となる得点の算出方法は複雑で，入所希望が殺到する場合には似たような条件の世帯でも得点や優先順位のわずかな差で入所の可否が決まる。そのため，保護者は入所基準や選抜方式に精通しておく必要があるのである。さらに，同調査では，「不足している情報」として「定員・空き情報」が3番目に多く選ばれており，早く保育所に入園させたい場合でも，希望する施設の空き情報が入手しづらいことが示されている。

こうしたなかで，育児情報取得のためにインターネットを活用する世帯は少なくない。保育施設の評判や入所の「裏技」など，インフォーマルな情報を収集・交換する，個人や民間団体によるブログやウェブサイトも多く開設されている。ここでは，そうしたウェブサイトの1つである「N.H.K：ニッポンの・働く・かあちゃんのページ」（以下，N.H.K）を取り上げ，そこでの情報交換の実態を明らかにする。

N.H.Kは，2001年に開設された個人サイトで，2012年10月現在，累積56万以上のページ・ビューがある[1]。N.H.Kでは，東京23区の自治体間の制度比較や小学校の越境入学，江東区の認可保育園申込倍率の情報や，区内をおもな対象としたBBS等のコンテンツが提供されている。開設者は1967年生まれの東京都港区出身で，IT企業に勤務する3児の母である。開設者は，第一子の育児をするなかで保育所のサービスや整備状況に自治体間で大きな違いがあることに気づき，同じ子育て世帯への情報提供の目的でN.H.Kを開設した。その後，現住地である江東区に転居したことをきっかけに，江東区民をおもな対象としたBBS「ひなたぼっこ」等のコンテンツを加えた。N.H.Kは「（行政から）与えられた制度をそのまま享受するだけでなく，利用する上で，利用者も賢くならなければ」（原文ママ，括弧内筆者）という理念で作成されており，「忙しいワークママのこと，多くの情報を吟味しつつ自分で一から調べるのは一苦労」なので，「働く母親が有益な情報を得られるための手助けができること」が目標とされている[2]。

---

1) サイト名のN.H.Kは「ニッポンの・働く・かあちゃんのページ」のローマ字表記の頭文字をとったものであり，日本放送協会（NHK）とは無関係である。
2) 「N.H.K. ニッポンの・働く・かあちゃんのページ」サイトポリシーより引用。〈http://www.geocities.jp/nhk_wm/〉（最終閲覧日：2012年9月20日）〉

BBS「ひなたぽっこ」にたてられたスレッドとレス数から，情報交換の内容と各話題への反応（投稿）の多さを分析した（図8-3）。分析対象は2007・2009・2011年の3カ年で，当該年の過去ログに保存された297スレッドを抽出した（2012年7月時点，筆者抽出）。スレッドへの投稿文から話題や情報，地名や場所を分類し，個々のスレッドに対するレス数を集計した（総レス数1,849件）。その結果，「a）入所指数・空き情報」に示される認可保育所の入所に関連する情報交換が突出して多く，総数では36.2％を，江東区全体のトピックに限定すれば57.8％を占めた。このトピックでは，認可保育所の入所得点の計算方法や加点条件に関する話題が多く，年度ごとの認可保育所の入所審査結果が投稿されていた。たとえば，「結果：第3希望内定（中略）2歳児クラス，地域：深川一丁目，世帯入所ポイント（中略）：24（両親フルタイム）+2（認証4/1〜）」（2011年3月1日，投稿者ossaa）のように，子の年齢や地域，得点，加点条件がわかるように記されている。

これらの中には，入所得点を上げる「裏技」として流通する情報もある。たとえば，育児休業が明ける前に民間保育サービスを利用して加点を得るのは，その代表的な方法の1つである。あるスレッドでは「復職してもいないのに高

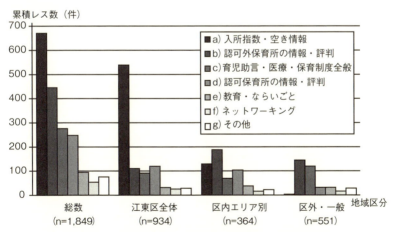

図8-3　スレッドの地域区分別および話題別にみた情報交換
（「江東・ひなたぽっこ Board」過去ログ一覧より作成）
2007年，2009年，2011年の3カ年。スレッドの対象地域は，スレッドタイトルおよび投稿文内に記された地名により分類。「江東区全体」と「区内エリア別」は重複しない。

額な民間保育サービス利用で得点を上げ，認可保育所に入れたことを報告されるのが不快だ」とする旨の書き込みに対し，「私も以前お金で点数を買いました（中略）復職前で家にいましたが（中略）認証にいれました。相当額の出費でしたよ（中略）現状の制度においてどうすることが有利かという公開されている情報戦線において，それぞれがどう戦うかの問題だと思います」（同日，投稿者れこ）等の返信がなされている。このBBSでの情報を参考に認可保育所を確保したと投稿するユーザーも多く[3]，ユーザーの情報収集と保育サービス選択の行動に影響を与えていることがわかる。

また，当BBSでは，保育所の情報や評判に関するクチコミも頻繁に交換されている。「b）認可外保育所の情報・評判」は2番目に多く（24.1%），4番目に「d）認可保育所の情報・評判」（13.2%）があがっている。具体的には，公的な媒体での入手が難しい保育所の開所情報や空き情報，保育士数や施設の雰囲気といった内容で，インフォーマルで即時性の求められる情報が交換されていた。このテーマでは，自宅や職場の最寄駅や町名などの地名を付した投稿も多くみられる。「区内エリア別」での構成比では，認可保育所18.1%，認可外保育所34.3%とともに高く，居住地近くなどミクロな地理的範囲での保育所探索に用いられている。また，認可外保育所の情報・評判は，「区外・一般」の地域区分でも39.8%の構成比を占める。認可外保育所は，認可保育所とは異なり，居住地や勤務地のある自治体のみに利用が限定されるわけではない。そのため，他区を含め行政区域を越えた範囲での情報交換の需要が高く，当BBSがその受け皿となっていることがうかがえる。さらに，「区内エリア別」のスレッドのうち，33.2%を豊洲・臨海地区に関する情報交換が占めている[4]。これは，豊洲・臨海地区には再開発によって建設されたマンションへの新規流入者が多い

---

3) たとえば，「結果：第一希望内定，地域：豊洲地区，世帯入所ポイント：24+2（兄弟）+2（認可外），園が出産ラッシュだったため，兄弟加点だけでは不安になり復帰を早めました。（中略）第一子の0歳4月不承諾から足掛け3年の保活がやっと一段落しました。この掲示板には本当にお世話になりました」（2013年2月21日，投稿者もー）等。「江東・ひなたぼっこBoard」〈http://nhk-wm.qee.jp/koto/koto_board.cgi（最終閲覧日：2013年2月21日）〉

4)「豊洲・臨海地区」は江東区による地域区分で，塩浜と枝川，豊洲，東雲，有明，辰巳，潮見，青海を指す。

ことや，保育所等の施設整備が追いついていないことを反映している。

「ひなたぼっこ」では，ネット上の交流だけでなく，ユーザーどうしが実際に会う「オフ会」も定期的に開催されている。2004年から「保育園の情報交換」や「働くママ同士ママ友作り」を目的としたオフ会が続けられており，2009年以降は湾岸エリア単独でも開催されるようになった[5]。湾岸エリアのオフ会では，mixi上のコミュニティとの連携によって，参加希望者は自身のメールアドレスを知られることなく参加を申し込むことができる。これらのコミュニティは運営者に承認された会員のみが閲覧できる非公開制をとっているため，参加者の書き込みやイベント参加に関するプライバシーがある程度保護されている。こうしたコミュニティの性格や保育所不足が深刻な地域特性を反映して，オフ会の内容は「激戦区の湾岸エリアでどうやったら保育園に入れるの？（認可ボーダー点や入園のタイミングなど）」，「先輩ママさんをお招きしてお話を伺ったり，保活ママ同士の情報交換の場」といったものであり，保育所対策を中心とした交流がなされている[6]。

4　子育て女性のサポート資源とオンライン・コミュニティ

　ここまで，東京圏を中心に，子育て世帯の育児情報取得におけるインターネットの利用実態を明らかにしてきた。インターネット上のSNSやBBSを用いたオンライン・コミュニティは，育児の情緒的サポートと道具的サポートの両方の提供や，サポートへのアクセスを可能にする場として機能している。特に，民間保育サービスの卓越によって，育児情報取得におけるインターネットの役割は大きい。

　図8-4は，本研究で得られた知見をもとに，オンライン・コミュニティと現実社会の関係性を模式化したものである。SNSは，育児を介したつながりのほか，育児以外の友人関係や多様な情報を含む情緒的サポートの供給源として機

---

5)「江東区・ひなたぼっこBoard」。「湾岸エリア」は，東雲と豊洲，辰巳，有明を指す。〈http://nhk-wm.qee.jp/koto/koto_board.cgi（最終閲覧日：2013年2月21日）〉

6)「江東・ひなたぼっこBoard」〈http://nhk-wm.qee.jp/koto/koto_board.cgi（最終閲覧日：2013年2月21日）〉

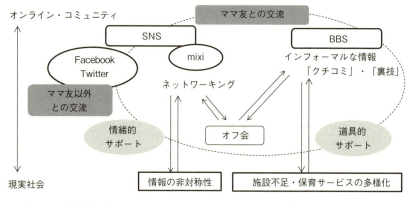

図8-4 育児情報取得におけるオンライン・コミュニティと現実社会の関係性（筆者作成）

能している。とくに，子どもが小さい時期には子連れでの外出や子をもたない友人との交流が難しくなることを考えれば，こうしたSNSによる関係の維持は一定の意義をもつ。育児や保育サービスに関する個人サイトやBBSは，働く母親のインフォーマルな情報交換の場として機能している。本章で紹介したBBSでは，認可保育所やそれ以外の保育サービスに関するクチコミ，認可保育所入所の「裏技」といった，公的には入手しづらい情報が交換されている。こうした役割は，保育所や保育サービスという道具的サポートへのアクセスを支援し，そうでない場合にも，「情報がない」という不安感を軽減させることに寄与していると考えられる。さらに，この事例では，ユーザーどうしのオフ会も定期的に行われており，働く母親の友人探しや，いわば「保活ノウハウ」の対面での伝達の場として，オンライン・コミュニティから現実社会への交流の広がりが生じている。この事例では，オフ会を実施する際にSNSのコミュニティ機能が連携されており，匿名性の高いBBS上のオンライン・コミュニティと現実社会との媒介項の役割を果たしていることも注目される。

以上のように，東京圏の子育て世帯は，現実社会における地域の子育て施設の情報不足や，待機児童問題，保育所入所競争や保育の情報不足，隣近所での相談相手の不在といった困難に対し，情報ツールやオンライン・コミュニティ

---

7) 2013年3月20日付朝日新聞（東京版・朝刊）。

の活用によってその一部を代替・補完している。とりわけ，保育所不足が深刻な再開発地区では苛烈な保育所入所競争が生じており，インフォーマルな情報の取得は公的保育所への入所をも左右しうる。このことは，ネット上の情報にうまくアクセスできずインフォーマルな「裏技」を知りえない世帯が，保育サービスの利用において相対的に不利になる可能性があることを意味している。こうしたリスクを軽減するためには，多様な保育サービスの内容や質に関する情報をより広く迅速に提供できる仕組みを整備し，ほぼインフォーマルな情報源のみに頼らざるをえない現状を改善していく必要があるだろう。

　また，BBS や SNS は，現実社会の保育環境や制度的制約のもとでインフォーマルな情報交換の場として機能するだけでなく，そうした制約を改変するための運動や当事者のエンパワーメントの場として可能性をもつ点も見逃すことはできない。たとえば，2013 年に行われた，認可保育所に入れない保護者の行政不服請求やデモでは，署名や参加者の募集において Twitter や mixi 等の SNS が活用された[7]。このような動きは，1970 年代に都市部でみられた「保育所つくり運動」と類似するが，組織や団体を超えた連帯のあり方はインターネットによって可能になったといえる。インターネットのもつこうしたエンパワーメントの機能が，現実社会のどのような範囲で現れ，地理的空間や社会関係と作用しあいながら，実際にいかなる影響をもたらすのかという点も，今後明らかにされるべき研究課題であろう。

【文　献】

エスピン＝アンデルセン，G.／大沢真理［監訳］（2011）．平等と効率の福祉革命―新しい女性の役割　岩波書店

久木元美琴・小泉　諒（2013）．東京都における認可外保育所の供給格差と自治体独自事業の役割―「足立区小規模保育室」の利用実態調査を中心に　日本都市学会年報　**47**, 135-144.

厚生労働省（2013）．保育所関連状況取りまとめ（平成 25 年 4 月 1 日）〈http://www.mhlw.go.jp/stf/houdou/0000022684.html（最終閲覧日：2014 年 5 月 7 日）〉

江東・ひなたぼっこ Board（2002）．（運営者：ぷにた）〈http://nhk-wm.qee.jp/koto/koto_board.cgi（最終閲覧日：2013 年 2 月 21 日）〉

東京都社会福祉協議会（2011）．保育所待機児童問題白書

松田茂樹（2008）．何が育児を支えるのか　勁草書房

宮木由貴子（2004）．「ママ友」の友人関係と通信メディアの役割―ケータイ・メール・

インターネットが展開する新しい関係　ライフデザインレポート 2004. **2**, 4-15.
Coontz, S. (1997). *The Way We Really Are: Coming to Terms with America's Changing Families*. New York: Basic Books.
Drentea, P. & Moren-Cross, J. L. (2005). Social capital and social support on the web: The case of an internet mother site. *Sociology of Health and Illness* **27**, 920-943.
Kukimoto, M. (2010). The use of communication tools among Japanese mothers living in France. *NETCOM* **24**, 47-62.
Miyata, K. (2008). Social support for Japanese mothers online and offline. C. Haythornthwaite & B. Wellman (eds.) *The Internet in Everyday Life*. Oxford: Wiley-Blackwell, pp.520-548.
N.H.K. ニッポンの・働く・かあちゃんのページ（2001）.（運営者：ぷにた）〈http://www.geocities.jp/nhk_wm/（最終閲覧日：2012年9月20日）〉

第9章
芸術・文化鑑賞者の行動特性とインターネット利用の実態

　音楽ライブや演劇などの文化産業の多くは大都市に集中する。それは，これら文化産業の作り出す製品，すなわち音楽や演劇の生産と消費の場が，ライブハウスや劇場などの空間に限定されること，公演活動や施設運営を継続するためには，行政や企業による支援はもとより，大都市の有する巨大で多様な市場との近接性が重要であることなどがあげられる。これらのことは，消費者である鑑賞者のこれら文化製品への接触機会には，彼らの居住地によって格差があることを意味する。

　消費者はこのような格差について，どのような対応をしているのだろうか。そこで本章では，芸術・文化鑑賞行動に着目し，インターネット利用の実態を示すことで，ICT の有用性について議論する。とりわけ，資本基盤が脆弱であり，経営の安定化が困難と考えられる小劇場演劇に焦点をあて，東京公演と大阪公演における観劇者の行動特性からこれを検討する。

1　文化産業の消費行動

　音楽コンサートやステージ・パフォーマンスなどの文化産業は，大都市圏をおもな開催場所としてきた。『エンターテインメント白書2007』より2006年の公演回数を集計すると，音楽コンサートでは72％以上が，ステージ・パフォーマンスに至っては91％以上が三大都市圏で行われている。大都市圏外では，観客やアーティストなどの交流人口の増加を期待して，演劇祭や音楽祭などの開催が試みられる地域もみられるが（国土交通省, 2007），それらのイベン

トは，特定期間のみの開催であることのほか，情報発信のあり方，運営資金の収集，大都市との連携の必要性など，運営上の課題も多い。

　他方，三大都市圏[1]のなかでも，東京圏が最大の消費市場となっている。2000年代中盤以降，東京圏において劇場の新設や更新が相次ぎ，市場規模が拡大しているとの指摘もなされている[2]。これらのことは，東京圏に居住する観劇者とそれ以外の地域に居住する観劇者の間には，公演参加機会や，公演情報の取得機会に明確な格差が存在していることを示唆している。たとえば，演劇における公演情報の入手には，劇場で配布される「チラシ」が重要な役割を果たしているが，公演数の少ない東京圏外ではそうしたチラシを入手することが難しい。その結果，東京圏外に居住する観劇者は，ダイレクトメール（DM）やウェブサイトなどの多様な情報源へ積極的にアクセスし，東京圏居住者との間の情報取得の機会格差を克服している（山本・久木元，2013）。

　このように，ある種の文化産業の消費者（鑑賞者，観劇者）の行動は，公演機会に恵まれる大都市圏居住者と，それ以外の地域の居住者の間で違いがある。さらに，大都市間においても，市場圏の違いから消費者の行動特性は異なることが推察される。

2　小劇場演劇の消費ブームと空間分布

　本節では，分析に先立ち，山本・久木元（2011; 2013）の記述をもとに，本章が対象とする小劇場演劇の歴史と立地を概観する。

1）小劇場演劇と消費ブーム

　小劇場演劇は，1960年代なかばの東京を中心とした若手演劇人による前衛演劇活動が始まりである。1960年代当時の小劇場演劇は，「アングラ演劇」ともいわれ，左翼思想を強く投影したものが多かった。そのような演劇は，1970

---

1) ここでは三大都市圏とは，東京圏（埼玉県，千葉県，東京都，神奈川県），名古屋圏（岐阜県，愛知県，三重県），大阪圏（滋賀県，京都府，大阪府，兵庫県，奈良県，和歌山県）を指す。
2) ぴあ総合研究所（2008）など。

年代以降徐々に鳴りを潜め，1980年代には大衆化していく。この1980年代の「一般客」の増加は「小劇場ブーム」とよばれ，その主たる客層は10代後半から20代の女性であった。

　この時期における小劇場演劇の公演場所は，1960年代に地方出身の学生や労働者が集まり，学生運動の象徴的な場の1つであった新宿や，1980年代以降に企業のメセナや空間演出の場となった渋谷を中心とした山手線西側沿線の街であった。

　小劇場ブームのもとで，多くの劇団によって大小さまざまな劇場で公演がなされるようになった。それら劇団にとって，規模の小さな劇場から，これら盛り場にある大きな劇場へと，観客動員数を増やしながら公演できるようになることは，成功の証とされた。このようなステップアップを「小劇場すごろく」といい，知名度の向上と公演収入の増加を進め，公演活動だけで生計を立てることができるようになることが「上がり」であった。

　小劇場ブームは1990年代には下火となり，公演数の減少をみる。近年では，ブームをけん引してきた劇団の中から，自治体の助成を受け，活動の拠点を東京圏から地方へと移すものが現れている。また，大都市演劇市場での激しい競争と作品人気の短さを嫌い，大都市圏から地方へと活動の場を移す者たちもいる。

2）演劇公演の空間分布

　ここまでみてきたように，日本における小劇場演劇は，学生運動や企業メセナ，企業による空間演出と一体となって，東京を最大の消費の場としてきたといえよう。

　演劇情報ポータルサイト「演劇ライフ」[3]に公演情報を掲載している劇団に

3）2013年4月閉鎖。2014年4月現在，同様の舞台芸術情報ポータルサイトとしてサービスを公開しているものに，「CoRich（http://stage.corich.jp/　最終閲覧日：2014年4月27日）」，「シアターガイド（www.theaterguide.co.jp/　最終閲覧日：2014年4月27日）」などがある。なお，CoRichにおいて，2004年4月27日に公演中の演劇は124ある。それらの公演地をみると，東京が89ともっとも多く，次いで大阪が11であり，「演劇ライフ」の結果と同様の傾向が認められる。

ついて，2010年の都道府県別劇団数と公演日数（劇団数：1,838，公演日数：11,729）をみると，東京都が劇団数，公演日数ともに最多である（劇団数：1,322，公演日数：9,516）。次に多い大阪府をみると，劇団数153，公演日数759であり，東京と大阪の間には劇団数，公演日数ともに10倍ほどの開きがある。現在でも，多くの小劇場演劇公演が東京を中心とした東京圏で催されていることが確認できる[4]。ただし，本章において後述するように，東京圏とそれ以外の地域では，観劇者の情報取得手段が異なる可能性がある。そのため，当該データのみでは，東京における小劇場演劇の集積を示すには不十分である点に留意が必要である。

3 どのような人が観劇しているのか？

1）調査方法

以下では，ある劇団の東京と大阪における公演の観劇者を分析対象とする。調査は，観劇者を対象としたアンケート調査であり，アンケート票の配布は，演劇制作会社の協力により，同一劇団の東京および大阪公演の観劇者を対象とした。東京公演は，2012年6月24日から7月1日にかけて，世田谷区北沢に立地する劇場（客席数約380席）で開催された（図9-1）。また大阪公演は，同7月6日から8日にかけて，福島区福島に立地する劇場（客席数約260席）で開催された（図9-2）。

アンケート票では，観劇者の基本属性，演劇経験の有無のほか，劇場立地場所に対する評価，公演内容についての評価，公演情報源などについてたずねた。その結果，アンケート回収数は東京公演：346（観客動員数：2,489），大阪公演：257（観客動員数：740）であった。このうち，各公演で同一人物の記入と推察されるものを除いた593（東京公演：336［回収率13.5%］，大阪公演257［回収率34.7%］）を分析対象とする。

東京公演と大阪公演では，観劇者の属性や集客範囲などが，大きく異なるこ

4）阿部（1992）は，日本国内での来日外国人アーティストによるコンサートの空間分布と都市階層構造を分析している。そこでもやはり，東京における公演機会の多さと首位性の高さが指摘されている。

第9章 芸術・文化鑑賞者の行動特性とインターネット利用の実態　155

とが想定される。そこで以下の分析では，両公演の結果を適宜比較することで，これらの差異にも言及する。なお，チケット購入経路については，アンケート調査時にたずねていない。これについては，主として2014年2月に行った関係者への聞き取り調査に基づいて分析する。

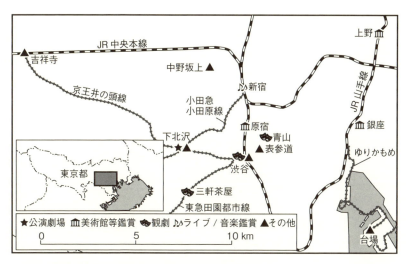

図9-1　調査対象とした東京公演の劇場と文化活動場所の分布（アンケート調査により作成）

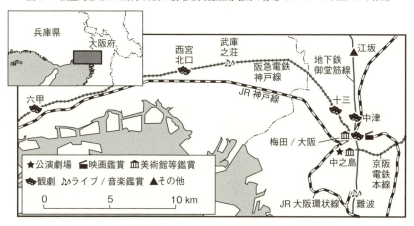

図9-2　調査対象とした大阪公演の劇場と文化活動場所の分布
地図外の活動場所として，川西能勢口駅，京都駅，大阪市内（活動はいずれも「その他」）がある。
（アンケート調査により作成）

2) 観劇者の基本属性

図9-3は，観劇者の性別年齢階層分布である。男女比は，両公演とも女性の比率が高い（東京：73.2%，大阪：80.0%）。年齢は，30歳代後半を中心として，30歳代前半から40歳代前半に多くの回答がみられる。この傾向は，山本・久木元（2013）の調査結果と整合しており，本アンケート調査結果には大きな問題がないと考えられる。

学歴では大卒が多い。主たる観客層である30歳代から40歳代の最終学歴をみると，短大以上の高学歴者（短大・高専・大学・大学院）の割合は，東京63.4%（235人中149人），大阪59.8%（174人中104人）である。平成22年度国勢調査の全国集計結果によれば，同年代の高学歴者の割合は43.1%であることから，高学歴の観劇者が多いことがわかる。

続いて観劇者の職種をみると，事務職（東京：21.7%，大阪：26.0%），その他専門技術職（東京：17.9%，大阪：15.6%），サービス職（東京：14.6%，大阪：12.0%）を中心としたホワイトカラー層が多い。平成22年度国勢調査によれば，

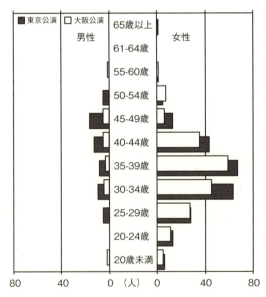

図9-3 アンケート回答者の性別年齢階層分布
不明・無回答を除く。（アンケート調査により作成）

全国の全産業従事者に占める研究職従事者の割合は 0.2%,同じく芸術関連職[5]の割合は 0.9% である。東京,大阪いずれにおいても,観劇者の中に研究職(東京：1.2%,大阪：1.2%),芸術関連職(東京：4.8%,大阪：2.4%)にある者が多いことも特徴的である。

3) 観劇者は劇団関係者なのか？

表 9-1 はアンケート回答者の都道府県別居住地の分布である。これをみると,東京公演では東京を中心として南関東に居住する観劇者が多い。一方で大阪公演の観劇者は,大阪をはじめとした近畿を中心に,東海から中国・四国,北部九州に至るまで,広範に分布している。東京に拠点を置く劇団の大阪における公演は,地方居住者に東京文化の消費機会を提供しているといえよう。

一方で,福島県を除く東北地方,福岡県を除く九州地方の観劇者はほとんどみられない。このような傾向は,山本・久木元(2013)でも同様にみられた。このことは,国土中央部から離れた地域に居住する潜在的消費者へは,東京や大阪といった大都市における公演では十分にアプローチできないことを示している。

観劇者の演劇経験をたずねたところ,東京では 13.4%,大阪では 7.6% の回答者が「現在演劇活動に携わっている」,または「以前携わっていた」と回答している。佐藤(1999)によれば,小劇場演劇のおもな観劇者層として,「身内的ないしファン的な観客」を指摘している。しかし本調査の結果では,身内的な観客[6],とりわけ演劇関係者の観劇は必ずしも多くはない。

ただし,他劇団構成員や関係者による観劇の場合,彼らによる公演に対する評価には,劇団ファンとは異なる視点からの指摘が多分に含まれる可能性が高い。また,演劇業界内での噂やクチコミなどの点で,彼らの観劇行動と発言の影響力は小さくないと考えられる。

---

5) 日本標準職業中分類(平成 21 年 12 月)における「美術家,デザイナー,写真家,映像撮影者」および「音楽家,舞台芸術家」を指す。
6) 身内の観客とは,劇団関係者や演劇仲間,家族などを指す。

4) 観劇者は公演前後に何をしているのか？

アンケートでは，観劇者が演劇を選択する際に，劇場の立地場所をどの程度評価するかについてもたずねた。東京公演，大阪公演の観劇者はともに，演劇を選択する際に「自宅・職場からのアクセス」を意識している。とくに東京公

表9-1 アンケート回答者の居住地分布（都道府県）

東京公演		大阪公演	
都道府県	回答数	都道府県	回答数
東京都	149	大阪府	88
神奈川県	43	兵庫県	42
埼玉県	32	京都府	28
千葉県	22	奈良県	15
茨城県	9	愛知県	7
静岡県	5	岡山県	6
福島県	2	滋賀県	5
岐阜県	2	福岡県	4
兵庫県	2	和歌山県	3
北海道	1	広島県	3
栃木県	1	神奈川県	2
群馬県	1	岐阜県	2
新潟県	1	三重県	2
山梨県	1	北海道	1
長野県	1	埼玉県	1
愛知県	1	東京都	1
三重県	1	富山県	1
大阪府	1	石川県	1
鹿児島県	1	福井県	1
無回答	60	静岡県	1
計	336	山口県	1
		愛媛県	1
		大分県	1
		無回答	33
		計	250

（アンケート調査により作成）

演では,「とても気にする」(東京:11.6%,大阪:10.0%),「気にする」(東京:42.9%,大阪:38.0%)と回答した観劇者が,大阪公演の場合よりも合計で6.5ポイント上回っている。これは,大阪公演の日程が金曜日夜から週末に限られているのに対して,東京公演では,およそ半数が平日に開催されていると考えられる。このような平日公演では仕事帰りに観劇する者が多く,彼らにとっては職場を退勤後,開演前までに公演場所へアクセスできることが,演劇を選択する際の重要な要因となることを示している。

また,「劇場周辺の雰囲気」をみると,東京公演観劇者は「とても気にする」(4.2%),「気にする」(22.3%)に対して「あまり気にしない」(48.2%),「気にしない」(18.8%)と,あまり意識しない傾向にある。一方で,大阪公演観劇者では「とても気にする」(10.0%)または「気にする」(38.0%)との回答が東京公演を大きく上回っている。東京公演観劇者は,観劇を休日に行う余暇活動としてのみならず,平日の仕事帰りに気軽にできる環境にあり,日常的な出来事として捉えている。他方で大阪公演における平日公演日数の少なさや,通勤圏外からの観劇者の多さを考慮すると,大阪公演観劇者は観劇を,休日余暇に行う特別なものとして捉えている可能性がある。そのような観劇者は,演劇公演のみならず,劇場の周囲の雰囲気や他文化施設との位置関係も含めて,休日におけるよりよい文化消費体験を求めていることが推察される。

表9-2をみると,東京公演および大阪公演のいずれにおいても,観劇前後の行動として「飲食」[7]や「買い物」との回答が多い。東京公演では時間を問わず「散策」[8]がみられる一方で,大阪公演ではそのような回答は週末の観劇後に限られる。これらの行動場所の最寄り駅をみると,東京公演では劇場の立地する下北沢が大半を占めるが,渋谷,新宿といった周辺の盛り場もわずかながら確認できる。他方で大阪公演では,飲食行動は,梅田,福島,中之島など劇場周辺に限定される。

また,観劇前後の特徴的な行動の1つとして,観劇,美術鑑賞,音楽ライブ,習い事などの文化活動への参加も少なからずみられる。他文化活動への「ハシ

---

7) 食事,喫茶,飲酒などが含まれる。
8) 「ぶらぶらする」,「散歩」,「ウィンドウショッピング」などが含まれる。

表 9-2 観劇者の観劇前後の行動

東京公演	観劇前		観劇後	
	平日	週末	平日	週末
仕事	17	1	1	1
飲食	42	60	36	35
買物	15	19	6	23
文化活動	7	3	0	6
散策	7	8	1	7
自宅・宿泊地	2	6	28	6
その他	4	3	3	5
計	94	100	75	83

大阪公演	観劇前		観劇後	
	平日	週末	平日	週末
仕事／学校	7	4	0	1
飲食	6	55	8	41
買物	6	21	2	28
文化活動	4	5	0	7
散策	0	0	0	6
自宅・宿泊地	2	7	10	16
その他	1	8	0	5
計	26	100	20	104

（アンケート調査により作成）

ゴ」行動は，山本・久木元（2013）においても確認されており，観劇者の文化消費への関心の高さをうかがわせる。

これら文化活動が行われた場所の最寄り駅をみると，東京公演では新宿（「ライブ鑑賞」），原宿（「美術鑑賞」），渋谷（「ワークショップ」，「観劇」），下北沢（「バイオリン発表会の進行」），表参道（「稽古」），青山一丁目（「観劇」），三軒茶屋（「観劇」），中野坂上（「芝居の練習」），吉祥寺（「ヨガ」）など山手線西側の街が多い（図 9-1）[9]。また大阪公演では，梅田・大阪（「美術鑑賞」，「観劇」，「映画鑑賞」），中之島（「科学館鑑賞」）などの劇場周辺や，中津（「観劇」），十三（「観劇」），武庫之荘（「音楽鑑賞」），西宮北口（「観劇」），六甲（「観劇」）とい

った梅田近辺，さらには阪急神戸線沿線が中心となっていることがわかる（図9-2）[10]。これら地域が，演劇や音楽ライブなどの都市型文化の発信地となっていることが推察される。たとえば山本・久木元（2013）では，映画館および音楽ライブ会場の東京都内における分布から，渋谷，新宿，池袋，下北沢といった山手線西側，渋谷界隈の盛り場にこれら施設が集積していることを示している。また，それら渋谷界隈の盛り場や，そこに立地する文化施設への近接性が，観劇者のハシゴ行動を支えていると指摘している。

なお，観劇後の「その他」の中には，「今日の反省会」，「○○（劇団名）会議」，「おしゃべり会」といったものもあった。これらは，友人と観劇したものが，食事や喫茶をしながら公演内容の感想を言い合ったり，公演の余韻を楽しんだりするために行う意見交換会である。このような行動もまた，観劇者を特徴づける行動の1つといえよう。

4 観劇者はどうやって情報を入手するのか？

1）公演情報源

公演をどこで知ったかたずねたところ，東京公演の観劇者（有効回答321），大阪公演の観劇者（有効回答236）ともに，劇団のウェブサイトやブログ（東京：31.2％，大阪：31.8％）およびSNS（東京：29.3％，大阪：29.7％）に多くの回答が集まった（図9-4）。本調査の対象公演はダイレクトメール（DM）による告知をしていない。そのため，DMの宣伝効果については不明であるが，DMに代わるものとして，劇団関係者がインターネットを通じて積極的に公演告知をしたことが推察される。

従来，劇団による情報発信源として，DMや劇団関係者によるクチコミが高い効果を発揮することが指摘されてきた（佐藤，1999）。これまでの筆者らの調査でも，これらを情報源として公演情報を獲得した観劇者が一定程度存在して

9）その他の回答として，上野（「動物鑑賞（動物園）」），台場（「握手会参加」），銀座（「美術鑑賞」）であった。
10）その他の回答として，江坂（「演劇実習」），川西能勢口（「陶芸」「読書」），難波（「ライブ鑑賞」），大阪市内（「観光」），京都（「観光」）であった。

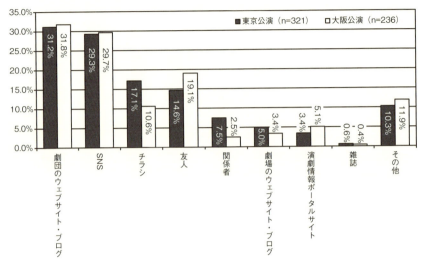

図 9-4　観劇者の情報源（アンケート調査により作成）

おり，これら情報源が観客を増加させるための有効な手段の1つであった。たとえば山本・神谷（2013）では，プロ舞台芸能集団の地方公演における鑑賞者の情報取得経路についてアンケート調査の結果から考察している。それによると，限定的な分析にとどまるものの，中年女性層を中心として，草の根的なクチコミ宣伝活動の観客動員に果たす役割が小さくないことが示されている。本研究の対象とする演劇公演の消費者の年齢層は，これと比較して若年であることから，結果を単純に比較することはできない。しかし，この種の文化活動における情報源として，関係者や知人によるクチコミの重要性が指摘できよう。

ところで，メールマガジンの発信を除くと，劇団の知名度が高くなるに従い，DMの配送コストは無視できない額になる[11]。関係者によるクチコミについても，関係者の活動空間や労力の点で限界がある。他方，ウェブサイトやブログ，SNS は，無料のサービスも多く，情報発信コストを低く抑えることができる。本調査の結果からは，DM や劇団関係者によるクチコミなどのプッシュ型

11）制作会社関係者によると，自身が以前所属した劇団では，ハガキや封書による DM にかかる費用は1回につき 10 万円を超えたという。

情報配信[12]のみならず，これらウェブサイトやブログ，SNSといったプル型情報配信[13]もまた，観劇者にとって効果的な情報取得手段となっていることがわかる。

　本調査の対象となった公演の観劇者は30歳代女性が多い。平成23年度情報通信白書より，ソーシャルメディアの利用者層をみると，若年層（10〜30歳代）ほど利用率が高い。また性別利用者層ではSNS（Twitter含む）では男性の利用率が高い一方で，ブログでは女性の利用率が高くなっている。世代別では，SNS（Twitter含む）やミニブログでは若年層の利用率が高くなっている。このように，小劇場演劇の主要な観客層はSNSやブログの利用者層とも近いことから，プル型情報配信の効果は大きいといえる。

　なお，その他の回答の中には，インターネット上の各種公演の情報，オンライン・プレイガイド（チケットの予約受付）[14]からのメール通知をあげるものがあった。このサービスの利用については，多くの場合，チケットの販売を委託する団体や個人が，チケット販売額のうち数％を利用料金として支払い，チケット購入希望者は無料か多少の手数料で利用できる。チケット購入希望者は，自身の興味がある公演分野や団体などを設定することで，自身の嗜好にマッチした情報を電子メールで受信することができる。このようなサービスは，劇団側にとっては告知とチケット管理の手間を省くことができることから，効率的な情報配信手段となりつつある。ただし後述するとおり，当該サービスについても委託コストの面から，利用するのは一部の劇団に限られる。

　「チラシ」は，観劇の際に観劇者へ束で配布される告知ビラである。チラシを情報源とした観劇者の比率は，東京公演と大阪公演で多少の開きがある。こ

---

12) 情報受信者の能動的な活動を必要としない情報配信方式を指す。プッシュ型情報配信方式では，テレビやラジオ，DMのように，情報受信者に対して情報が半強制的に配信される。
13) 情報受信者の能動的な活動が必要な情報配信方式を指す。プル型情報配信方式では，受信者がサーバなどにアクセスすることで，情報が配信される。
14) たとえば，「チケットぴあ〈http://t.pia.jp/〉」「e+（イープラス）〈http://eplus.jp/〉」「ローチケ.com〈http://l-tike.com/〉」などがある。また，演劇および音楽鑑賞に特化した「カンフェティ〈http://www.confetti-web.com/〉」（いずれも，最終閲覧日：2014年1月11日）などもある。

れには，本調査の対象劇団が東京を中心に活動をしていること，東京は演劇公演が多く，観劇者がそのような観劇の際に配布されるチラシに目を通す機会が多いことなどが影響しているものと考えられる。本調査の対象公演ではないが，これまで筆者らが行ってきた調査の中には，東京公演で61枚のチラシを配布するものがあった。他方，ある劇団の長野県松本市での公演で配布されたチラシは19枚にとどまった。本調査についても，大阪公演で配布されたチラシは17枚であった。公演劇団の規模や制作会社の違いなどから厳密な比較はできないが，東京圏とそれ以外の地域では配布されるチラシの枚数に大きな差があることが示唆される。これは，チラシによる公演告知が，東京圏外では東京圏内ほどの十分な情報源とならないことを示している。

2）チケット購入方法の変遷

観劇者の公演チケットの購入経路は大きく2つ存在する。1つは劇団関係者および出演俳優による「手売り」によるものである。いま1つはプレイガイドや公演劇場窓口によるものである。以下ではチケットの購入経路の変化とICTの影響について既存資料および聞き取り調査結果から検討する。

高萩（2009）は，ある劇団のプロデューサーを勤めた経験から，チケット販売に言及している。彼の所属した劇団の規模がまだ小さかった1970年代末当時のチケット販売は，劇団員の手売りが主流であった。彼の劇団では，劇団関係者はチケットの販売ノルマがあり，観劇希望者は，彼らからチケットを受け取っていた。この時，料金を支払う場合もあれば，当日の受付で支払う場合もあった。当時の主たる観劇者層は学生であり，また劇団員も学生やOBであった。そのため，このようなクチコミや学生を通じたチケット販売が可能であった。

一方で1980年代初頭になると，この劇団の知名度は向上し，観劇者数が増加した。これに合わせて，学生以外の観劇者がチケットを買える場所が求められた。高萩（2009）はプレイガイドが，それら一般の観客がチケットを入手するための重要な窓口になったことを指摘している。

実際，この時期（1984年）には，ぴあ株式会社がプレイガイド事業に参入し，電話によるチケット販売サービス「チケットぴあ」を開始した[15]。その後のぴ

あ社の発展からも，従来の手売りとは異なるチケット流通経路が，当時の劇団や一般の観客から求められていたことがうかがえる。このような劇団関係者や彼らの知人，街のプレイガイドを通じたチケットの入手は，ICT技術が現在ほど発展していなかった1990年代まで一般的なものであった。また，チケットの電話予約も，関係者とのつながりがない観劇希望者にとって主要なチケット入手経路であった。

1990年代後半に入ると，インターネットの普及によって，オンライン決済サービスやコンビニでのチケットの取り扱いサービスが始まった。たとえば，ローソンのオンライン取引端末「Loppi（ロッピー）」は1997年から各店舗に導入された。チケットの受託販売は子会社となるローソンチケット株式会社が取り扱うが，Loppi導入と同時に，同端末によるチケットの取り扱いを開始した。

3）観劇者とオンライン・プレイガイド

オンライン・プレイガイドへの委託販売は，劇団にとっては，電子メールなどでの告知によって潜在的な観劇希望者を発掘し，チケットの先行販売によって本販売前の客入りを予測できる手段である。プレイガイドによっては，割引チケットやポイントアップなどの付加サービスを実施するところもあり，これも劇団にとっては観客動員に効果をもたらす。また，これらサービスは，観劇者にとっては，自身の嗜好にあった新しい劇団との出会いや，人気公演チケットの優先的入手，チケットの安価な入手などの利点がある。

他方で，先述のとおり，チケットの販売，購入には手数料が発生する。たとえば，2014年1月現在，A社の場合，500席未満の公演では，システム利用は無料であるが，プレイガイドサイトへの公演情報登録料として5,250円，チケット販売手数料としてチケット売上額の8％が求められる。またB社の場合，座席指定管理や一般販売前のプレオーダーの有無によっても異なるが，システム利用料として5千〜1万円，販売手数料としてチケット売上額の8〜10％が必要となる。

15）ぴあ株式会社沿革〈http://corporate.pia.jp/corp/history/index.html（最終閲覧日：2014年2月15日）〉による。

観劇希望者のアクセスが容易な オンライン・プレイガイドであるが，劇団にとって手数料は必ずしも安いものとはいえない。劇団は，チケット代金を安価に抑えつつも，劇場使用料をはじめとした経費を，このチケット代金からまかなう必要がある。このため，オンライン・プレイガイドなどのサービスを利用するのは，ある程度の観劇動員数を見込める知名度の高い一部の劇団に限られる。制作会社関係者によれば，劇団の知名度が高くなるにしたがって，オンライン・プレイガイドを利用する観劇者の割合が大きくなるという。そのため，ある程度の知名度を有する劇団では，このようなサービスを利用する場合が多い[16]。小規模な劇団では，オンライン・プレイガイドを通じて告知しても，手数料を補てんするに足る集客を見込めないことなどを理由として，劇団関係者による手売りが，チケットのおもな販売手段であるという。

近年では，劇団や役者のファンはSNSやブログを通じて，目的の劇団，俳優の情報を取得できる。また，それら情報ツールを使って，俳優とファンの間のコミュニケーションも比較的容易に図れるようになりつつある。観劇者の中には，オンライン・プレイガイドのチケット発行手数料などを省くため，このような個人のSNSやブログを使ってチケットを確保する者もいる。また劇団の中には，自身のウェブサイトにチケット予約システムを開設するものもある[17]。このようなシステムでは，オンライン決済をしない場合が多い。観劇希望者は，公演当日に受付にて料金を支払うことで，予約したチケットを入手する。以上のようにICTの発展によって，観劇者のチケット入手経路は多様化しつつある。

---

16) 2002年に活動を始めたある劇団では，平日公演では関係者の手売りを窓口とする観劇者とオンライン・プレイガイドを窓口とする観劇者が同比率程度あるが，休日公演では大半がオンライン・プレイガイドを窓口とする観劇者であるという。この劇団の主宰者は，過去に著名な賞を受賞していることから，劇団としての知名度も比較的高いと考えられる。
17) このようなシステムを提供するサービスとして，シバイエンジン〈http://481engine.com/web/index.php（最終閲覧日：2014年2月15日）〉がある。

5 芸術・文化鑑賞者とICTの役割

　観劇者の情報取得行動からは，情報技術の進歩によって，文化情報の発信方法や発信者と受信者の関係性，さらには受信者の情報消費行動が変化しつつあることが示唆される。従来，観劇者は，雑誌を除けば，おもに劇団側から発送されるDMや公演時に配布されるチラシなどによるプッシュ型の情報を取得していた。ICTの発達による劇団サイトやオンライン・プレイガイドの設立と，それらへ容易にアクセスできる環境が整うにしたがって，観劇者が情報を主体的に取得する，プル型の情報取得行動がみられるようになった。

　近年では，SNSの登場と普及によって，観劇者はどこにいてもリアルタイムに，自身の嗜好にあった情報を取得できるようになった。このようなICTを利用した情報の入手手段の変化と入手可能性の拡大は，チラシやクチコミによる公演情報の取得が困難であった大都市圏外の観劇者にとって，大都市との演劇情報の格差を圧縮することに一定の効果を与えているといえよう。

　他方で，大都市圏内と圏外の演劇や文化鑑賞活動の機会格差は，依然として存在している。この格差は，演劇という文化の生産と消費が，劇場などの文化施設に限定されることによろう。今後，オンライン・ストリーミング放送や拡張現実技術の発達と普及など，ICTが芸術表現と結びつき，今以上に利用されるようになれば，このような現実の文化消費空間にも少なからず影響が出てくるだろう。

　さらに，都市内部における観劇者の文化活動の「ハシゴ」行動からは，彼らが劇場の近隣で開催される文化イベントの情報を収集している姿が示唆される。単館系映画や小劇場演劇とは異なる，インディーズ音楽ライブや，美術館，博物館などのイベント情報は，どのように生成され，流通し，消費されるのだろうか。これら文化イベントの分布と，それらの相互作用についても検討していく必要があるだろう。

【文　献】

阿部和俊（1992）．来日外国人アーチストの公演日程からみた地域間・都市間比較　地理学評論 **65**, 911-919.

国土交通省　都市・地域整備局［編］（2007）．都市・地域レポート―産業と雇用を生む地域をめざして　日経印刷株式会社

佐藤郁哉（1999）．現代演劇のフィールドワーク　東京大学出版会

髙萩　宏（2009）．僕と演劇と夢の遊眠社　日本経済新聞社

ぴあ株式会社．沿革．〈http://corporate.pia.jp/corp/history/index.html（最終閲覧日：2014 年 2 月 15 日）〉

ぴあ総合研究所（2007）．エンターテインメント白書 2007　ぴあ総合研究所

ぴあ総合研究所（2008）．エンターテインメント白書 2008　ぴあ総合研究所

山本健太・久木元美琴（2011）．東京大都市圏における都市型文化産業の消費空間―現代演劇の劇場公演の空間的特徴に着目して　日本都市学会年報 **44**, 99-107.

山本健太・久木元美琴（2013）．東京における小劇場演劇の空間構造　都市地理学 **8**, 27-39.

山本健太・神谷浩夫（2013）．地方に活動拠点を置くプロ芸能集団の存立基盤―佐渡「鼓童」の事例　地理学報告 **115**, 59-66.

第10章
まちづくりにおける
インターネット利用

　まちづくりとインターネットは，「ボトムアップ」「双方向」「創発」などの点において親和性が高い。そのため近年，インターネットを活用した情報の発信と共有を通じて，市民やNPOなどが相互の信頼関係を形成，強化し，協働によるまちづくりを実践するケースが各地でみられるようになっている。本章では，1990年代までに技術が確立したWeb1.0メディアとしてメーリングリスト（以下，ML），2000年以降に開発されたWeb2.0メディアとしてSNSを取り上げ，それらを活用した市民やNPOなどが主体となったまちづくりの実態を報告する。具体的にMLでは，それを用いたコミュニケーションの実態を把握するとともに，それが現実社会でのまちづくりにどのように作用しているかをみていく。また，SNS内で形成された参加者が形成するオンライン・コミュニティとともに，それらを基盤とした現実社会でのまちづくりの実態を明らかにする。

1　まちづくりとインターネット

　日本で「まちづくり」という用語が日常的に使用されるようになったのは1960年代である。1950年代から本格化した行政主導・産業優先の国土・地域開発政策や都市計画に反対して，それらへのアンチテーゼとしてまちづくりという用語が用いられるようになった。そこでは，従来の地域開発政策や都市計画とは異なる「市民中心の活動」という意味が与えられていた。
　1990年代になると，地方分権の流れが加速するとともに，阪神・淡路大震災

(1995年）においてボランティアの重要性が認識され、NPO法制定（1998年）も受けて、市民によるまちづくりがいっそう活発化した。こうした変化をふまえ、地域マネジメントの方式は、従来の「管理」「トップダウン」を特徴とする中央集権型の地域開発から、「創発」「ボトムアップ」を特徴とする自律分散型のまちづくりへと変化してきた（和田, 2007）。この変化は「政府が法に基づき運営・管理する中央集権型システムであるガバメント」から「上下関係の中での強制や命令でなく、公共性を一つの拠り所にしながら多様な関係する主体が協働することによって生み出される自律的な秩序形成システム」である「ガバナンス」への移行であるともいわれている（小林, 2003: 123）。また小林は、ガバナンスの成功に向け、地域課題の共有とコミュニケーションの仕組みづくりが重要であり、双方向性を有するローカル・メディアの果たす役割が大きいと指摘している。

　こうした状況において自治体や市民の間に急速に普及したのがインターネットである。インターネットは個人やNPOにとって技術的にも経済的にも利用しやすいメディアであり、彼らが自らの情報を発信したり、世界中から必要な情報を収集したり、相互に情報を交換・共有することを容易にした。こうしたインターネットを活用した情報の発信と共有を通じて、市民やNPOなどが相互の信頼関係を形成、強化し、協働によるまちづくりを実践しやすくなった。公文（2004）はこうした実態をふまえ、インターネットを活用しながら自律的なコミュニケーションや諸活動を展開する多種多様な個人やグループを「智民」、同じような価値観や考え方の持ち主が群がる形でアクティブなグループを作り、自分たちの好みのかたちで展開する行動を「智業」と名づけた。

　一方、インターネットは「メディアとしての設計の多様性、またそのメディアを基礎に構成される『社会』ないし『コミュニティ』、『集団』の設計の多様性が許容されて」おり、「多様さの中から何らかの具体的な形にコミュニケーションのあり方をカスタマイズ」できる点に特徴がある（池田, 2000）。そのため、まちづくり主体がどのメディアを選択するかによって、参加者どうしのコミュニケーションやそれをふまえたまちづくりの態様や成果も異なる可能性がある。このことをふまえ、以下、インターネット上で提供される異なる2つのメディア、MLとSNSを取り上げ、それぞれを用いたコミュニケーションとまちづく

りの実態を明らかにする。

2 メーリングリストを活用したまちづくり

電子メール（1971年）とML（1975年）は、いずれもARPANET時代に開発されたインターネット上の信書システムである。基本的に1対1のコミュニケーション手段に利用される電子メールに対して、1対多のコミュニケーションが可能なMLはグループ内の情報交換・共有に利用されることが多い。1990年代後半になると、それまでのパソコン通信に代わって利用者数が増加し、2002年2月にはML利用者はPC利用者の34.1％に達するまでになった[1]。

本節の分析対象は、鳥取県ジゲおこしインターネット協議会（以下、ZIT）が運営するML（以下、ZIT-ML）である。ZIT-MLはまちづくりに関わる市民コミュニティの先導的存在として注目され、国土交通省等によって新しいまちづくり手法として広く紹介された。以下、MLを用いたコミュニケーションの実態を把握するとともに、それが現実社会でのまちづくりにどのように作用しているかを検討する。

1) 鳥取県ジゲおこしインターネット協議会の概要

ZITは、①鳥取県内外でまちづくりに取り組む人々のネットワーク化、②インターネット上での情報交換を通じたまちづくりの活性化、③魅力的な鳥取県の創造、を目的として、1998年に設立された任意団体である。設立のきっかけとなったのは、鳥取県ジゲおこし団体連絡協議会（以下、ジゲ協）および山陰夢みなと博覧会応援団（以下、夢みなと応援団）の活動である。ジゲ協は、市民団体によるまちづくりの支援を目的として、1994年に設立された任意団体である。主要事業の1つである団体間交流イベントは鳥取県東部と中部、西部を巡回する方式で毎年1回程度開催されてきたが、開催回数が少なく、開催地によっては交通条件から参加できない市民団体もあり、その解決が課題となっていた。また、1997年に鳥取県境港市で開催された「ジャパンエキスポとっと

---

[1]『インターネット白書2002』による。

り '97〜山陰夢みなと博覧会〜」を契機にイベント運営に協力した人々のネットワーク「夢みなと応援団」が形成され，このネットワークを活かしてまちづくりを展開しようという機運が醸成された。

そこで，ジゲ協の副会長であり，夢みなと応援団の会長でもあるK氏が，交通条件や開催頻度に制約される対面接触の機会の有無に関わらず，誰もが日常的に情報を交換できるMLの機能に着目し，1998年3月にMLの運営組織としてZITを設立した。設立にあたって，K氏が自ら会長に就任し，ジゲ協の役員を含む2名が副会長，自治体や企業経営者，大学関係者，まちづくり団体の有志35名が幹事となり，ZIT運営の中核を担うこととなった。彼らはいずれもまちづくりへの関心が高く，K氏らと信頼関係を有していた。また，その多くがパソコン通信の経験を持ち，MLを介したコミュニケーションに関する知見も十分に有していた。

1998年3月の会員は約100人であったが，その後会員は着実に増加し，1999年3月には278人，2001年12月には431人となった。会員の居住地も，設立当初は鳥取県内だけであったが，2001年12月には21都府県に拡大し，海外3カ国に居住する会員もみられるようになった。1999年3月の都府県別会員数は，鳥取県が159人でもっとも多く，これに次いで東京都が16人，神奈川県が8人，島根県が7人となっている。このうち鳥取県の会員は，東部居住者が106人でもっとも多く，西部居住者が32人，中部居住者が21人という構成となっている[2]。これは，鳥取市に居住するK氏が対面接触の機会を持ちやすい鳥取市および近接町村の居住者を勧誘したことが大きな要因と考えられる。

2) MLを用いたコミュニケーション

1998年4月1日から1999年3月31日までのZIT-MLへの投稿件数は1,690件，月別の平均投稿件数は140.8件であった。このうち，データが保存されている1,007件の投稿記事の内容（分野）をみると，「教育・文化」がもっとも多く，これに次いで「観光・交流」，「まちづくり全般」，「ML運営」が多い。た

---

[2] 鳥取県東部は鳥取市を中心とする15市町村，中部は倉吉市を中心とする10市町村，西部は米子市を中心とする14市町村からなる（2002年現在）。

だし，投稿件数がもっとも多い内容は月ごとに変化しており，特定の内容が継続的に第1位を占めているわけではない。

同期間における都府県別投稿者数をみると，鳥取県東部が32人，鳥取県西部が13人，鳥取県中部が11人で多く，鳥取県に居住する投稿者数が全投稿者数の66.7％を占めている。投稿件数についても，鳥取県東部が518件，鳥取県西部が164件，鳥取県中部が117件であり，全件数の79.3％を占めている。このことから，鳥取県に居住する会員がZIT-MLを介したコミュニケーションにおいて中心的役割を果たしているといえる。鳥取県以外で投稿件数および投稿者数が多い都府県は，島根県と千葉県，神奈川県，高知県である。島根県からは33件の発信があって，会員数に対する投稿者数の割合が大きく，また1人あたり投稿件数が多い。これは，島根県の会員の多くがパソコン通信フォーラムの会員で，MLに精通し，またZIT-MLへの関心も高いことから，その会員が繰り返し投稿していることによる。千葉県および高知県は，会員数および投稿者数はあまり多くなく，1人あたり投稿件数が多い。両県ともインターネットに精通した研究者が参加しており，ZIT-MLに積極的に投稿している。

投稿記事の内容別に投稿者の居住地をみると，いずれの分野においても鳥取県，とりわけ鳥取県東部からの投稿割合が大きく，その他の都府県については投稿記事の内容によって投稿割合に差異がみられる。たとえば，「ML運営」に関しては千葉県と島根県，「産業」および「観光・交流」に関しては高知県，「教育・文化」に関しては京都府，「環境・景観」および「保健・福祉」に関しては島根県からの投稿割合が大きい。このことから，ZIT-MLを介したコミュニケーションは，鳥取県を中心としながら，分野に応じて，異なる地域から投稿される構造となっていることがわかる。

3) オンライン・コミュニティと現実社会の接点

ZITのオフ会は，鳥取市で1998年4月および1999年1月，倉吉市で1998年4月および11月，米子市で1998年12月および1999年1月に開催された。ZIT-MLでは，オフ会の企画や連絡調整，オフ会で形成された会員相互の信頼関係の確認が行われ，それらの記事はオフ会が開催される月に集中的に投稿される。

図10-1は，ZIT-MLへのオフ会に関する記事の投稿について，投稿年月（時間）および投稿地（空間）の2つの軸によって整理したものである。鳥取県東部で開催されたオフ会に関するコミュニケーションは，鳥取県東部を中心として，地理的に隣接する鳥取県中部と講師として参加した千葉県の研究者が鳥取県東部の会員と連絡をとりあうかたちで成立している。鳥取県中部で開催されたオフ会に関するコミュニケーションは，鳥取県東部と中部を中心として，鳥取県西部を含めて県内3地域で活発に連絡をとりあうとともに，千葉県および兵庫県の会員が加わるかたちで成立している。鳥取県西部で開催されたオフ会に関するコミュニケーションは，鳥取県東部と西部間で活発なやりとりが行われ，これに加えて千葉県と島根県，高知県の会員が鳥取県東部または西部の会員と連絡をとりあうかたちとなっている。こうした傾向は，鳥取県東部に居住するML管理者が中心となってオフ会の企画を立案し，その開催地に居住するキーパーソンと連絡調整を行っていることに起因すると考えられる。

オフ会のほかに，ZIT-ML上のコミュニケーションが，現実社会におけるまちづくりと強く関わりをもち，その展開に大きな影響を与えた事例として，鳥取県西部にある妻木晩田遺跡群の保存運動がある。ZIT-MLでは，1998年4月から1999年3月まで，妻木晩田遺跡群に関して96件の記事が投稿された。これら記事は1998年11月と1999年2月を中心に投稿され，投稿地は鳥取県以外に5府県に及んでいる（図10-2）。1999年1月までは鳥取県東部および鳥取県西部からの投稿がほとんどであるが，1999年2月以降は京都府を中心に鳥取県以外からの投稿件数が増加しており，妻木晩田遺跡群に対する関心が鳥取県内から県外の会員にも徐々に広がってきたと推察される。なお，京都府の会員は1999年1月にZITに入会した考古学者であり，専門的立場から遺跡群に関する情報を提供し，鳥取県の会員と積極的に意見を交換し合うなど，遺跡群に対する会員意識の向上に大きな役割を果たした。

ZIT-MLへの投稿と現実社会における活動の接点をみると，ZIT-MLでは，シンポジウムや講演会の開催案内や結果報告，街頭署名への協力依頼などが行われた。このうち街頭署名については，ZIT-MLを通じて協力を依頼された会員が居住地に近い場所で行われた署名活動に運営者として参加したり，電子メールで送信されたフォーマットを使用して職場の同僚に署名してもらい，署名

第10章　まちづくりにおけるインターネット利用

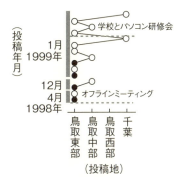

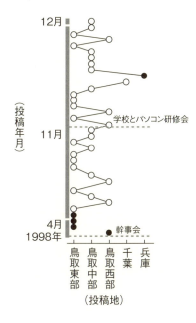

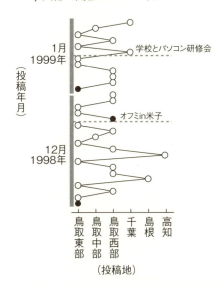

図10-1　鳥取県東・中・西部で開催されたオフ会に関するZIT-MLへの投稿の時空間的展開
　　　　実線は新規発言とそれに対する回答発言の対応関係をあらわす
　　　　　　（資料：ZIT-MLへの投稿記事により作成）

176　第Ⅲ部　生活者のインターネット利用とオンライン・コミュニティ

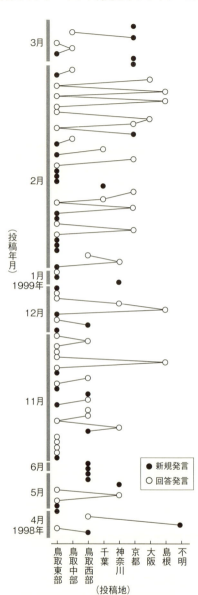

図10-2　妻木晩田遺跡群に関する ZIT-ML への投稿の時空間的展開（1998年4月～1999年3月）
実線は新規発言とそれに対する回答発言の対応関係をあらわす
（資料：ZIT-ML への投稿記事により作成）

された用紙を依頼者に郵便で返送したりするなど，現実社会における具体的な活動に発展した。また，街頭署名の協力依頼に対して，一部の会員が電子署名の様式をウェブページ上で自主的に作成し，公開することによって，居住地に関わらず署名できるようになった。また ZIT-ML では，妻木晩田遺跡群に関わる新聞報道について，その記事の紹介や記事に対する意見の表明も行われた。たとえば，鳥取県内の会員による ZIT-ML への投稿が県外の会員が遺跡群に対する理解を深めるきっかけとなったり，全国紙の記事を首都圏の会員が ZIT-ML に投稿したことが鳥取県内の会員が遺跡群に対する全国的な動向や意識を把握することにつながったりした。

4）コミュニケーションの時空間的構造

図 10-3 は，ZIT-ML におけるコミュニケーションの空間的構造について，コミュニケーションの展開過程に沿って検討を加えたものである。ML 開設以前（a）は，ML を介したコミュニケーションは行われず，もっぱら対面接触などを通じたコミュニケーションのみが行われている。まちづくりのキーパーソンの居住地を中心に対面接触の容易な地域においてネットワークが形成されるが，空間的距離が大きい地域間では相対的に弱い結合がみられるか，まったく結合関係がみられない。

ML が開設され，それを介したコミュニケーションが行われるようになると（b），そこではまちづくりのキーパーソンやインターネットなどに詳しい者の居住地を中心としてコミュニケーションが展開される。とくに ML 管理者の居住地はコミュニケーションの中心地となり，日常的にキーパーソンの居住地と活発なコミュニケーションが行われるとともに，投稿記事の内容に応じて，その他の地域の居住者を柔軟に巻き込むかたちでコミュニケーションが展開される。ML を介したコミュニケーションは現実社会でのまちづくりをもとに展開される一方，まちづくりを展開するための貴重な情報源ともなっており，各地域においてサイバースペースとリアルスペースの相互作用がみられる。また，ML に参加はするものの投稿を行わない ROM（Read Only Member）が存在する地域では，サイバースペースにおけるコミュニケーションがリアルスペースにおける情報源となるという点において，サイバースペースからリアルスペー

スへの一方向の作用が生じている。

オフ会が行われる場合（c），MLを用いたコミュニケーションは，管理者の居住地とオフ会開催地の間でとくに活発となる。また，それまで現実社会にお

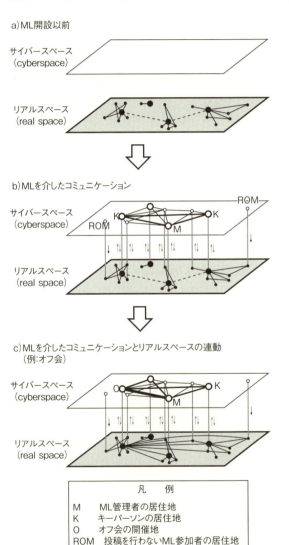

図10-3 ZIT-MLを介したコミュニケーションの時空間構造の模式図（筆者作成）

いて対面で接触したことのないキーパーソンの居住地とオフ会開催地との間のコミュニケーションも活発化する。現実社会においては，ROMを含めたML参加者の居住地からオフ会開催地への移動が行われるほか，ML参加者のいない地域からもML参加者との対面接触や他メディアを通じて得られた情報をもとにオフ会の開催地への移動がみられる。

3 地域SNSを活用したまちづくり

2000年に開発されたASP[3]は，利用者がインターネットに接続したままウェブに掲載された情報を瞬時に編集することを可能にした。この技術をベースとして開発されたサービスの代表例がブログとSNSである。また，日本では2000年代前半に通信インフラのブロードバンド化，通信料金の値下げと定額制の採用によって，利用者は高度なサービスを比較的安価に利用できるようになった。

SNSは，インターネット上で友人関係を可視化し，コミュニケーションを楽しむ会員制サイトで，個人対象サービス，ビジネス支援サービス，地域特定型サービス（以下，地域SNS）の3種類がある[4]。SNSには閉鎖性と実名性，友人関係の可視化，検索機能と，ログ機能，興味や関心に基づくコミュニティ機能の実現といった特徴がある。こうした特徴をもつSNS，とりわけ地域SNSは近年，「絆」を重視したまちづくりの手段として日本各地で活用が進んでいる。そこで本節では，地域SNSを活用したまちづくり事例を取り上げ，オンライン・コミュニティと現実社会の関係に着目して，その実態と特徴を解明する。分析対象とする地域SNSは，岡山県内を運営エリアとする「スタコミ」[5]である。

---

3) ASPはApplication Service Providerの略。利用者はブラウザや専用ソフトなどを通じてサーバにアクセスし，事業者が提供するソフトウェアを利用することができる。
4)「第2回地域SNS全国フォーラム in 横浜」（2008年2月，横浜市）での報告による。
5) 岡山県内で運営されている8件（2008年10月現在）の地域SNSのうち，スタコミは開設時期がもっとも早く，登録者数ももっとも多い。また，イベントを活発に開催する地域SNSとして，全国的にも高い評価を得ている（「第2回地域SNS全国フォーラム in 横浜」（2008年2月，横浜市）での報告による）。2014年6月時点で閉鎖されている。

1) スタコミの運営方針と利用実態

スタコミは，岡山市に本社を置くベンチャー企業の（株）スタンダード（以下，スタンダード社）が 2006 年 8 月に開設した，岡山県内のまちづくりの活発化を目的とした地域 SNS である。招待制を採用しており，登録希望者はすでに登録している知人や友人からの招待があればスタコミに登録できる。また，スタンダード社に自らのプロフィールを送り，承認を得ることができれば，同社からの招待を受けるかたちで登録することもできる。登録者は自分のページであるマイホームに日記を書き込んだり，友達を増やしたり，コミュニティに参加したり，メッセージ機能を利用して他の登録者にメッセージを送信したりすることができる。

登録者の居住地（2008 年 6 月現在）を都道府県別にみると，岡山県が 1,541 人で，居住地情報を公開する登録者の 90.6％を占めている。岡山県居住者を市町村別にみると[6]，岡山市が 784 人（岡山県居住者の 50.9％）でもっとも多く，倉敷市が 176 人（同 11.4％），玉野市が 22 人（同 1.4％），総社市が 17 人（同 1.1％）でこれに次ぐ。岡山市への登録者の偏在はスタンダード社が同市に立地することに起因すると考えられる。すなわち，招待制を採用するスタコミは，M 氏をはじめとする同社スタッフのもつ対人関係が登録者獲得の起点となっており，同社の立地場所であり，スタッフの居住地である岡山市を中心に，既登録者の取引相手や知人，友人が分布していることがこうした偏在をもたらしていると考えられる。

表 10-1 は，登録友人数が多い上位 10 人の属人的特徴とスタコミ利用状況を示している。これをみると，10 人中 9 人が岡山市在住で，年齢を公開していない 2 人を除く 8 人が 30 歳代である。職業は会社役員と自営業で半数を占め，4 人の会社員も営業や編集といった職に従事している。このことから，業務を遂行するうえで，幅広い社会的ネットワークの保持を要請される人がスタコミを積極的に利用していると思われる。彼らは参加するコミュニティの数も多く，しかも 1 つ以上のコミュニティを自ら管理している。たとえば，「Jun1」とい

---

[6] 岡山県内が居住地であることを明らかにしても，具体的な市町村名を伏せる利用者も多い。

表 10-1 友人登録数が多いスタコミ利用者の概

NO	利用者名（登録名）	居住地	年齢	性別	職業	登録友人数	参加コミュニティ数	管理コミュニティ数
1	スタコミ運営事務局	岡山市	-	-	-	583人	17	14
2	ヨシコ	岡山市	36	女	会社役員	263人	65	6
3	ささき	岡山市	37	男	会社員	174人	20	12
4	作家 英	津山市	不明	男	自営業	173人	22	1
5	保険屋ゴメス	岡山市	30	男	会社員	166人	31	2
6	Jun1	岡山市	37	男	自営業	158人	58	4
7	oipuri	岡山市	32	女	会社員	155人	75	2
8	asanosun	岡山市	不明	男	不明	154人	47	1
9	けんにい	岡山市	36	男	自営業	142人	36	2
10	ウメマサ	岡山市	37	男	会社員	113人	39	1

（（株）スタンダードのウェブページにより作成）.

う登録名でスタコミを利用するITコンサルタントのW氏（30歳代男性）は，かつて地域にみられた講や結のような任意の相互扶助組織を再構築する手段としてスタコミを捉え，個人間の相互扶助関係を創出しようと努めている。また，「ささき」を登録名とする大手不動産会社営業職のS氏（30歳代男性）は，スタコミを「大人のサークル活動」のための手段と位置づけ，複数のサークルを主宰している。彼は，知人や友人のビジネスやまちづくり活動の支援手段および自らの営業ツールとしてスタコミを活用しようとしている。

2) スタコミ内の社会的ネットワーク

個人を出発点として形成あるいは維持される対人関係は，友人登録を通じてSNS上に可視化される。スタコミでは，登録者のマイホームに表示されるスタフレリストを閲覧することで，その登録者を起点とする対人関係を把握できる。これに関して増田・今野（2006）は，SNS上に可視化される社会的ネットワークはスケールフリーの特徴を示すと同時に，ハブどうしが結びつく正の次数相関を示すと指摘している[7]。そのため，登録友人数が多い複数のハブがもつリンクを分析することで，SNS上の社会的ネットワークの大要を明らかにすることができる。

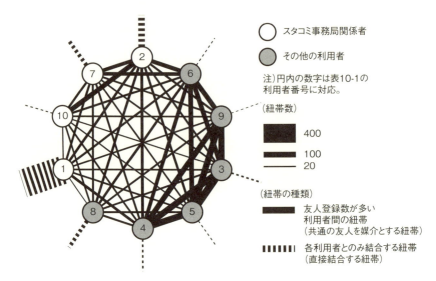

図10-4 友人登録数が多いスタコミ利用者間の結合関係（2008年6月現在）
（(株)スタンダードのウェブページにより作成）．

　そこで，登録友人数が多い上位10人の登録者の友人をリストアップし，それらの結合関係を分析した（図10-4）。具体的に，10人の登録者間の結合関係については，本人どうしの直接の結びつきに加え，共通の友人を媒介とするリンク（ハブ間紐帯）の数を計量し，その多寡を結合関係の強弱とみなした。また，10人の利用者が維持している上記以外のリンク（ハブ外紐帯）の数も別に計量した。

　この図から，次の2種類の登録者が存在することがわかる。1つは，ハブ間紐帯よりもハブ外紐帯の数が多い登録者が存在することである。No.1はとくに顕著であり，No.2やNo.7もハブ外紐帯の数が比較的多い。彼らはいずれもスタコミの運営者であり，招待者のいない登録希望者がスタコミに参加する際の窓口となったり，自らの知人や友人を積極的に招待したりして，登録者数の増加に大きな役割を果たしている。いま1つは，ハブ外紐帯よりハブ間紐帯の

---

7) 正の次数相関とは，リンク数が多いノードとリンク数が少ないノードが結びつくよりも，リンク数が多いノードが結びつきやすい傾向を示す。

数が多い登録者が存在することである。No.3 ～ No.6 および No.9 がこれに該当し，稠密なクラスターを形成している。彼らは，新規登録者の獲得に積極的というわけではないが，スタコミの運営者をはじめとする他のハブと対人関係を構築し，それを活用することで，自らが取り組むまちづくりをさらに発展させたいと考えている。以上から，スタコミの運営者とまちづくりの実践者がネットワークの中心に位置しており，彼らが，他の登録者を巻き込みながら，スタコミ内での情報交換・共有と現実社会におけるまちづくりを展開する構造になっていると推察される。

3) スタコミ内コミュニティの形成と運営

スタコミ内に開設されているコミュニティ数は，2008 年 6 月 17 日現在 370 である。参加者数が多い上位 20 件のコミュニティの概要をみると（表 10-2），ほとんどのコミュニティがスタコミ開設直後に開設され，その後 2 年近くが経過している。これらのコミュニティは，スタコミ運営者側が直接管理するものとその他の登録者が管理するものがあり，開設数は前者が 6，後者が 14 である。管理者のほとんどは岡山市に居住しており，年齢は 30 歳代が中心である。また，20 件のうち 14 件のコミュニティでイベントが開催されている。

これらのコミュニティは，組織化の過程およびイベント開催の有無を基準として，3 つのタイプに分類できる。第 1 は，現実社会で活動実績を持つ既存組織が情報の発信および交換の媒体としてスタコミを利用するタイプ（媒体型）である。No.5，No.17 などがこれに相当する。第 2 は，スタコミ内での呼びかけによって，利用者どうしがあらたに組織され，そこでの情報交換をもとに，リアルスペースでイベントが開催されるタイプ（創発型）である。No.6，No.13 などがこれに相当する。第 3 は，スタコミ内での情報共有を主眼とするタイプ（情報型）である。このタイプでは現実のイベントは開催されない。No.3，No.7，No.12 などがこれに相当する。

このように情報交換やイベントを活発に展開するコミュニティがみられる一方，開設後半年から 2 年で解散したり，活動が停止したりするコミュニティもみられる。たとえば「岡山 café」というコミュニティは，開設後約 1 年間は活発な活動がみられたものの，その後，書き込み量が減少し，2008 年 6 月の時点

では活動をほとんど停止している。これらは管理者の継続意欲の低下や生活環境の変化がおもな理由である[8]。具体的には，開設当初に期待した効果が得られずに意欲が低下するケース，転職や転居により時間的または地理的に管理を継続できなくなったケースなどがみられる。このことは，スタコミ内のコミュ

表10-2 「スタコミ」内に開設された主なコミュニティ

No	コミュニティ名	開設年月	管理者 氏名	管理者 居住地	管理者 年齢	管理者 性別	参加者数	イベント
1	Standard	2006年9月	スタコミ運営事務局	岡山市	-	-	901人	有
2	スタコミニュース	2007年5月	スタコミ運営事務局	岡山市	-	-	590人	
3	岡山の美味しい店	2006年8月	マメサルベー	岡山市	35	不明	285人	
4	キネクル	2006年8月	スタコミ運営事務局	岡山市	-	-	181人	有
5	異業種交流会「ホラ会」	2006年9月	保険屋ゴメス	岡山市	30	男	124人	有
6	1970年代族	2006年8月	ささき	岡山市	37	男	113人	有
7	岡山café	2006年10月	Cha-Cha	倉敷市	不明	女	105人	
8	世界でひとつ・・・	2006年9月	作野 英	津山市	不明	男	102人	有
9	岡山イベント情報発信基地	2006年10月	ハットトリック	岡山市	25	男	101人	
10	お助けエコひいき告知	2006年9月	スタコミ運営事務局	岡山市	-	-	87人	有
11	ARTSPAPER	2006年8月	ヨシコ	岡山市	36	女	86人	
12	mixiもやっている人	2006年9月	cooper	岡山市	39	男	85人	
13	スウィーツ探検隊	2006年9月	むヴィ	岡山市	42	男	82人	有
14	岡山ランチ情報局	2006年10月	緑。	岡山市	不明	女	81人	
15	俺たちの食堂	2006年8月	ささき	岡山市	37	男	79人	
16	岡山県内の観光情報	2006年9月	ドカベン	倉敷市	35	男	74人	有
17	岡山カルチャーゾーン	2006年10月	うぶすな岡山事務局	岡山市	-	-	72人	
18	岡山の夜◆お酒がすき！	2006年10月	緑。	岡山市	不明	女	67人	有
19	岡山グルメは【えざかや】！	2006年10月	えざ子	岡山市	27	男	63人	有
20	おひさまアートバザール3	2007年4月	スタコミ運営事務局	岡山市	-	-	60人	有

((株)スタンダードのウェブページにより作成).

8) スタンダード社での聞き取り調査による。

ニティが，登録者の自由意思により，開廃や参加・不参加の選択を自由に行える流動性を有することを示す。すなわち，スタコミ内のコミュニティは，参加者の関心や目的に応じて運営される流動的なテーマ型コミュニティであり，岡山県という特定の場所に立脚する点は共通するものの，その場所に居住する限り加入が義務づけられる地縁型コミュニティとは性格を異にしている。

4）現実社会でのイベント開催

スタコミをベースとして現実に開催されるイベントは，開催主体に着目すれば，次の2パターンに区分できる。①スタンダード社自身がイベントを戦略的に立案・実施するパターンと，②登録者がスタコミを活用して既存のまちづくり活動を充実させたり，あらたなイベントを立案したりするパターンである。①のパターンのイベントとしては，お花見やビアパーティーといった，登録者どうしの親睦や交流を促進することを目的とするものと，リサイクル工場見学やサッカー応援といった，社員の関心や問題意識をもとにまちづくりの一環として開催されるものがある。

②のパターンのイベントとして，たとえば任意団体「ホラ会」は，ゲストによる話題提供と意見交換を内容とする異業種交流会を隔月で開催しており，事前告知と参加者募集の手段として「スタコミ」を利用している。またNPO法人まちづくり推進機構岡山は，国土交通省から委託された都市再生プロジェクトの一環として，スタコミを利用した岡山市中心部の地域コミュニティの再生に取り組んだ。具体的には，まちづくりイベントの事前告知と開催結果の報告がスタコミ内で行われ，イベントへの集客や仲間づくりに一定の効果をあげた。このほか，スタコミ内で使用済ペットボトルの蓋の回収協力を呼びかける任意団体「エコ岡山」の取組み，岡山市内やその近郊に立地する喫茶店や甘味店の食べ歩きイベントをスタコミ内で企画・募集する「スウィーツ探検隊」の取組みなどもみられる。これらの例から，登録者は，イベントの事前告知や集客，報告，あらたな対人関係の形成および強化にスタコミを利用していることがわかる。

4 ML と地域 SNS

　以上，ML と地域 SNS を取り上げ，それらを用いたコミュニケーションとまちづくりの実態を，サイバースペースとリアルスペースの関係に着目して分析した。2つの事例分析を通じて，ML と地域 SNS を用いたコミュニケーションは，管理者のメディア運営戦略とまちづくり戦略をもとに展開され，参加者の意欲と協同を引き出すキーパーソンの働きに応じて，現実社会におけるまちづくりの活発化につながる可能性があることがわかった。すなわち，ML や地域 SNS は現実社会のまちづくりを補完・代替する役割を果たすとともに，ML や地域 SNS での参加者間のコミュニケーションが現実社会においてまちづくりを創発させる働きをもつといえる。

　では，ML と地域 SNS というメディアの違いは，オンライン・コミュニティや現実のまちづくりにどのような違いをもたらすのであろうか。ML では1会員から投稿された情報は全会員に自動的に共有され，その中で投稿内容に関心をもつ者を中心に ML での意見交換とそれに基づくまちづくりが展開される。一方，地域 SNS では参加者の関心に応じていくつものサブ・コミュニティが形成され，サブ・コミュニティ単位で情報交換とまちづくりが行われる。利用者からみると，ML は多様な情報を共有できる点に，地域 SNS は共有する情報と共有しない情報をあらかじめ選択できる点に魅力があるといえよう。

　以上から，まちづくりの目標を達成するためには，それを支持する適切なメディアを選択することが重要だといえる。ML や地域 SNS 以外に，たとえばBBS やブログ，仮想体験サービスを用いることで，どのようなまちづくりを生み出すことができるだろうか。導入にあたっては，各メディアの特性と利用方法を慎重に検討することが必要であろう。しかし，メディアの種類がコミュニケーションの内容とまちづくりの成否を決定づけるすべての要因でない。本章で取り上げた2事例をみても，ZIT やスタンダード社といった運営組織，K 氏や M 氏といった管理者，まちづくりのキーパーソン，既存の社会的ネットワークなど，現実社会におけるさまざまな要素がまちづくりにおけるインターネット利用を成功に導いていることは明らかである。インターネットを導入すればまちづくりが活発化するという考えは，公共施設を整備すれば人々がそこに集

い，まちが活性化するはずだという考えに通じるかもしれない。志（ハート）をもった人が仲間とともにまちづくり（ソフト）を展開する。そのうえで，必要に応じて，施設や技術（ハード）を導入する。こうした考え方をもとにまちづくりにインターネットを導入することで，その投資がより有効で意義のあるものになるだろう。

【文　献】
池田謙一（2000）．コミュニケーション　社会科学の理論とモデル5　東京大学出版会
インターネット協会（2002）．インターネット白書2002　インプレス
公文俊平（2004）．情報社会学序説—ラストモダンの時代を生きる　NTT出版
小林　正（2003）．コミュニティ・ガバナンスと地域メディア　田村紀雄［編］地域メディアを学ぶ人のために　世界思想社 pp.119-144.
㈱スタンダード（2006）．岡山クチコミサイト「スタコミ」　〈http://sns.standardnet.jp/（最終閲覧日：2008年6月17日）〉
増田直紀・今野紀雄（2006）．「複雑ネットワーク」とは何か—複雑な関係を読み解く新しいアプローチ　講談社
和田　崇（2007）．まちづくりにおける"創発"の必要性と促進条件．広島経済大学研究論集 **30**, 149-164.

事項索引

A-Z
ADSL 41
APRANET 5
ASP 179
e-Japan 戦略 12, 71
Facebook 141
FWA (Fixed Wireless Access) 57
ID-Link 122
IRU 方式 39
MedIka 125
mixi 141
ML 171
N.H.K 144
SNS 7, 140-143
u-Japan (ubiquitous Japan) 13, 37
VPN (Virtual Private Network) 128
Web1.0 169
Web2.0 7
World Wide Web 6

ア行
アクセシビリティ 32
アダプタビリティ 12

育児サポート 137
育児情報 138
育児ネットワーク 137
医療圏 119
医療情報ネットワーク 119
いろどり 89
インターネット 5
エンパワーメント 149
オーダリング・システム 118
オフ会 147, 173
オホーツク委員会 76
オホーツクファンタジア 76
オンライン・コミュニティ 15, 147, 173
オンライン・プレイガイド 165
オンラインカタログ 62
オンライン予約 63

カ行
外国語 79
海底光ケーブル 45
ガバナンス 170
観光情報 73
患者 ID 125

キーパーソン 177
企業誘致 73

クチコミ 140, 146, 161

携帯サイト 115
ケーブルテレビ 41, 25-27

更新頻度 107

高度情報通信ネットワーク社会形成基本法 (IT 基本法) 55, 71
高齢者 86
固定無線接続 47
コミュニティ放送 27-29
コンテンツ 105
コンテンツ・ミックス 107

サ行
サイバースペース 9-11
サイバースペースの地理学 10
サイバーパンク 10
山間地域 41

ジオサイバースペース 16
事業サイクル 90
市場情報 93
自治体サイト 71
自治体情報ハイウエイ 12
社会的・文化的転換 11
社会的ネットワーク 181-183
周辺地域 85
需要予測 94
小劇場演劇 152-53
条件不利地域 40, 55
情緒的サポート 138
商店・商店街情報 105
商店街サイト 101

事項索引　189

情報革命　2
情報システム　93
情報の地理学　2
情報発展モード　4
情報リテラシー　32
情報流の地理学　2
商用インターネット　6
女性高齢者　97
新世代地域ケーブルテレビ
　施設整備事業　37

スケールフリー　181

制作代行業者　112

総合行政ネットワーク
　(LGWAN)　81

タ行
ダイレクトメール　152

地域SNS　179
地域医療連携システム
　120
地域資源　86
地域情報　105
地域情報化　20
地域情報化プロジェクト
　12
地域情報通信基盤整備推進
　交付金（ICT交付金）
　37
地域メディア　24
智業　170
地上デジタルテレビ放送
　59
地方公共団体ドメイン名
　81

智民　170
チャット　7
中山間地域　23
紐帯　182
超高速ブロードバンド
　12, 37, 55
チラシ　152

つまもの　96

データリンク　122
デジタル・デバイド　8-
　9, 32, 55, 85
デジタル・フライホイール
　82-83
電子カルテ　119
電子掲示板　7
電子自治体　71
電子商取引　53, 100
電子メール　171

道具的サポート　138

ナ行
難視聴問題　59

ニューメディア　3, 21
認可外保育所　137

ネット通販　50

農産加工型ベンチャー
　86

ハ行
バイパシイング　9
「ハシゴ」行動　159
葉っぱビジネス　88

ハブ　181

光ファイバー　11

プッシュ型情報配信
　163
ブランド化　96
プル型情報配信　163
プレイガイド　164
ブロードバンド　29, 36,
　53
ブロードバンド・ゼロ地区
　37
ブログ　7, 105
プロバイダー　30, 77
文化産業　151

平成の大合併　20

保活　143
補助金　108-111
ポスト構造主義　10

マ行
まちづくり　169
ママ友　138

ヤ行
ユーザーインターフェース
　95
ユビキタス化　32

ラ行
ラストマイル問題　29

離島　45-50

人名索引

A-Z
Coontz, S. 137
Drentea, P. 137
Forman, C. 55
Lorentzon, S. 86
Malecki, E. J. 86
Miyata, K. 137
Moren-Cross, J. L. 137
Naganuma, S. 41
O'Reilly, T. 7
Paradiso, M. 85
Sui, D. Z. 12
Van der Meer, A. 82
Van Winden, W. 82
Warren, M. 86

ア行
青山友紀 29
阿部和俊 154
荒井良雄（Arai, Y.) 2, 4, 8, 37, 41, 45, 71

飯盛義徳 12
池田謙一 170
石山幸治 92
稲永幸雄 1, 2

ウィリアム・ギブソン（Gibson, W) 9
上村 進 81

エスピン＝アンデルセン，G. 137
榎並利博 71

大杉卓三 21, 23, 27
岡田賢治 29
恩藏直人 115

カ行
賀来健輔 31
カステル（Castells, M.) 4, 8, 9
金川幸司 31
神谷浩夫 162
岸田伸幸 119
北村嘉行 3
キッチン（Kitchin, R.) 10, 15
城戸秀之 27

久木元美琴（Kukimoto, M.) 141, 143, 152, 156, 157, 160, 161
粂野博行 60
公文俊平 170
グラハム（Graham, S.) 4, 5, 8, 9, 70
黒須靖史 101
黒田 充 82

ケラーマン（Kellerman, A.) 16

小泉 諒 143
国領二郎 12, 13
小林 正 170
今野紀雄 181

サ行
笹岡政彦 29
佐藤郁哉 157, 161
佐野匡男 30

宗圓孝之 25

タ行
高田義久 21, 23, 29
高萩 宏 164
高林茂樹 118
竹内啓一 2, 5
田畑暁生 21, 32, 45

土屋大洋 13

豊島慎一郎 32

ナ行
中川雅人 101
中村 努 122
中村雅子 101
那須幸雄 101

ハ行
バキス（Bakis, H.) 16
箸本健二 3
原田 榮 2

福田 保 29

マ行
マーヴィン（Marvin, S.) 4, 5, 8, 9, 70

増田直紀	*181*	**ヤ行**		山本健太	*152, 156, 157, 160,*
松江英明	*30*	安井秀行	*82, 83*		*161, 162*
松島桂樹	*101*	柳井雅也	*4*	山本隆一	*119*
松田茂樹	*137, 138, 143*	柳田義継	*101*		
		山尾貴則	*32*	横石知二	*89, 91, 92*
宮木由貴子	*143*	山川充男	*4*	吉原博幸	*120*
		山田　肇	*82*		
森部陽一郎	*32*	山田晴通	*2, 20, 24, 27,*	**ワ行**	
			28, 29, 31	和田　崇	*7, 16, 170*

執筆者紹介（執筆順，*は編者）

荒井良雄*（あらい よしお）
東京大学大学院総合文化研究科教授　博士（工学）
担　　当：まえがき・序章・第2章・第4章

和田　崇*（わだ たかし）
県立広島大学経営情報学部准教授　博士（文学）
担当：まえがき・序章・第10章

山田晴通（やまだ はるみち）
東京経済大学コミュニケーション学部教授　理学博士
担当：第1章

佐竹泰和（さたけ やすかず）
東京大学大学院総合文化研究科博士課程
担当：第3章

箸本健二＊（はしもと けんじ）
早稲田大学教育・総合科学学術院教授　博士（学術）
担当：まえがき・第5章・第6章

中村　努（なかむら つとむ）
高知大学教育学部講師　博士（学術）
担当：第7章

久木元美琴（くきもと みこと）
大分大学経済学部准教授　博士（学術）
担当：第8章

山本健太（やまもと けんた）
國學院大學経済学部准教授　博士（理学）
担当：第9章

シリーズ・21世紀の地域①
インターネットと地域

| 2015年3月30日　初版第1刷発行 | 定価はカヴァーに表示してあります |

編　者	荒井良雄
	箸本健二
	和田　崇
発行者	中西健夫
発行所	株式会社ナカニシヤ出版

〒606-8161　京都市左京区一乗寺木ノ本町15番地
　　　　　Telephone　075-723-0111
　　　　　Facsimile　075-723-0095
　Website　http://www.nakanishiya.co.jp/
　Email　iihon-ippai@nakanishiya.co.jp
　　　　　郵便振替　01030-0-13128

印刷・製本＝創栄図書印刷／装幀＝白沢　正
Copyright ©︎ 2015 by Y. Arai, K. Hashimoto, & T. Wada
Printed in Japan.
ISBN 978-4-7795-0909-4

本書のコピー，スキャン，デジタル化等の無断複製は著作権法上の例外を除き禁じられています。本書を代行業者等の第三者に依頼してスキャンやデジタル化することはたとえ個人や家庭内での利用であっても著作権法上認められていません。